山口組のキッシンジャーと呼ばれた男

黒澤明　その激動の生涯

山平重樹

徳間書店

装丁／鈴木俊文
（ムシカゴグラフィクス）
カバー写真／平早勉

目次

山口組のキッシンジャーと呼ばれた男

第一章

政府に見棄てられた青年

モロ民族解放戦線に囚われた石川重弘氏

1

〈――えっ、この人が!……〉

私はちょっとした衝撃を受けずにはいられなかった。その人は、私が知るどの親分、どの渡世人とも違っていた。紛れもなく、いまだかつてお目にかかったことのないタイプと言っていい人物であった。

いや、それ以前に、どう見てもそっちの世界にいた人には見えなかった。

ビシッと洗練されたスーツを着こんで、男前であるのはいうに及ばず、その所作、たたずまい、話しぶりに、おのずとにじみ出る品格、貫禄、風格……加えてインテリジェンスが感じられ、私は思わず内心で、

〈いやあ、ヤクザでもこんなカッコいい人がいたんだな! なるほど、山口組というところは奥が深い!〉

と、感嘆の声をあげていたものだった。

誰あろう、〝山口組のキッシンジャー〟の異名をとった元黒澤組組長黒澤明、その人であった。

昭和60年の暮れ、12月16日夕べのことで、場所は千葉・成田の新東京国際空港、それが私と黒澤との最初の出会いとなった。

この日、黒澤は、マニラからの便で、新右翼リーダーの野村秋介、フィリピン・ホロ市のサル

タン・ジャマルウル・キラム三世、マニラ在住の貿易商ヒロ・山口（裕康）らの一行とともに成田空港へと降りたったのだった。

確かに私自身、かねて黒澤のことは、野村秋介から折に触れて聴いていたし、関西の山口組ウォッチャーや取材記者が書く関連記事も目にしていた。

野村は、

「天下の大事をともに闘える無二の親友。明晰な頭脳の持ち主であるだけでなく、人間的にもズバ抜けて魅力のある人物だな」

と全幅の信頼を置き、以前より関西の消息通からも、

「山口組内では、〝山健派〟に属していたことから、山本健一若頭が健在だった頃は、『山健四代目なら、若頭補佐昇格は間違いない』という声が圧倒的だった。このところ、山口組内では、若手の台頭が目ざましいが、その先鞭をつけたのが、黒澤組長だったといっても過言ではない」

「大阪府警は、田岡三代目の死後、黒澤組長の動向を徹底的にマークし、山健若頭が急逝したあとも、ある捜査幹部などは、『四代目が誰になっても、これまでの山口組への貢献度、功績、また資金力の豊富さ、若さから見て、黒澤が何らかの重要ポストに就くことは、ほぼ間違いない』と言っていたほど」

といった声も聞こえてきていた。

ヤクザ取材の草分けである猪野健治も、昭和57年9月に上梓した『山口組の研究』（双葉社）において、黒澤に関し、

「山口組きっての美男子。黒く長いコートを着こなして歩いていると、女たちがふりかえる。映画に出演したら、美男タレント諸君がかすむ」

という、黒澤をよく知るスナックマスターのコメントを載せていた。

これには私も、

「まさか、そんな何から何まで男前のヤクザが、いるわけないだろ」

と半信半疑であったのは、当人に会ったこともなければ、その頃、頻繁に実話系週刊誌に載っていた黒澤の顔写真も、あまりはっきりしたものがなかったからだ（大概は山口組本家前を歩く黒澤の横顔を撮った写真だった）。

いくら何でも持ちあげ過ぎだ、少しばかり外交手腕に長けているからって、キッシンジャーだなんて吹いたらいかん、所詮はヤクザだろう——と、私も極力冷めた眼で見ようとしていた。

だが、そんな私の考えは、実物に会うなりどこかに吹っ飛んでしまった。

〈嘘だろ……カッコいいにもホドがあるな……〉

その存在感《オーラ》は、私の想像をはるかに超え、いつか圧倒されていた。

そして野村に紹介され、交流を重ね、その人格に触れ、その人物を知るにつけ、これほどまでに侠気があって、男としての魅力に富み、スケールの大きな人物がいるのか——と、すっかり魅了されてしまっている自分がいた。

フィリピン・ホロ島の反政府イスラム・ゲリラ組織に拉致され、日本政府からも見棄てられた、自分とは縁もゆかりもない1人の日本人若者を救出するため、命を賭け、1年2カ月もの時間を費やして助けだした男。

もとより一銭の得にもならず、売名でもあらず、己の本能ともいえる義侠心の命ずるままの行動であったのだが、彼はそんな野暮なことは金輪際口にしなかった。

では、何のためか？

「自分の胸にポッカリ空いた隙間を埋めるためだったな」

そんな粋なセリフを吐ける男――それが、〝山口組のキッシンジャー〟の異名をとった、黒澤明という男だった。

とはいえ、私が出会ったとき、黒澤はすでに山口組を引退した身で、1年半のときが経っていた。ヤクザ渡世の足を洗って、カタギの実業家として活躍中であり、12月29日の誕生日が来れば、ちょうど50歳を迎えるという、男盛りのバリバリの時分であった。

現役時代、〝山口組のキッシンジャー〟と呼ばれたゆえんは、米国ニクソン政権下、大統領補佐官として米中国交樹立の立役者になるなど、世界を股にかけて活躍し、外交の達人といわれた本家同様、黒澤もまた、対外的な交渉役として抜群の外交手腕を発揮したからだった。

対外組織との対立抗争における山口組側の調停役として活躍したばかりか、10年戦争といわれた沖縄問題の完全決着に向けて奔走したり、反山口組の急先鋒であった関西二十日会との間にパイプを築くなど、その外交手腕は際立っていた。

黒澤は頭脳派であるだけではなかった。武闘派としてもつとに知られ、昭和35年夏に勃発した大阪の明友会事件では、斬り込み隊長として襲撃の先頭に立ち、昭和40年1月、山口組で最長の刑期となる懲役12年10カ月の刑を受けた。

日本一厳しいといわれた広島刑務所の独居で刑期の大半をつとめ終え、移送された大阪刑務所を昭和51年12月に出所。社会復帰した黒澤は、田岡一雄三代目の盃を受けて山口組直参組長に昇格、同時に大阪・北区で黒澤組を結成し、またたく間に売り出していった。

昭和54年9月には、山口組に新設されたポストの「本部長補佐」に登用されるなど、一躍、若手の実力者として頭角を現したのだ。

三代目山口組組長田岡一雄の信頼も厚く、豪友会会長中山勝正らとともに、最も期待される若手として、「山口組の宝」とも評され、前述のように、次期執行部入りも確実視されていたという。

ところが、そんな矢先に田岡三代目が病歿《びょうぼつ》し、あとを追うようにして山本健一若頭が死去したことで起きたのが、山本広組長代行派と竹中正久若頭派による熾烈な跡目争いであった。

山口組は四代目山口組（竹中正久組長）と一和会（山本広会長）に分裂、かくて黒澤もまた否応なく、山口組か一和会かの二者択一を迫られることになったのだ。

黒澤は柳川次郎組長の柳川組の出身だが、山口組入りから直参に直るまで、ずっと佐々木組佐々木道雄（将城）組長の舎弟だったこともあって、人脈的には一和会（佐々木がナンバー3の幹事長）に近いと見られていた。

事実、一和会ナンバー2の加茂田重政が副会長と理事長を兼任したのも、

「一方のポストは黒澤のために用意されたものだ」

などという噂も、まことしやかに伝わってきたほどで、黒澤は早くから極道ジャーナリズムによって、「山広派」と色分けされることが多かった。

だが、最終的に黒澤が選択したのは、山口組でも一和会でもなかった。

極道人生の絶頂期、まさにこれからというときに、彼が選んだのは、引退の道――ヤクザの足を洗ってカタギになることだった。黒澤キッシンジャーにすれば、それより苛酷な決断はなかったであろう。まさに我が身を裂かれるような苦渋の決断であった。

黒澤がのちに私に語ってくれたのは、

「言ってみたら、切腹と同じ。私にとって、あそこでの引退というのは、そういうことだったな」

という、当時の心境だった。

しからば、引退せずに、四代目山口組に残るか、一和会に行くかして、どちらかで現役を続行するという選択肢はなかったのであろうか。

私の問いに、黒澤は、

「自分のなかで一和会へ行くという選択肢は万にひとつもなかった。恩義ある菱の代紋に弓を引くなど、あり得ないことだった」

と答え、ひと呼吸おいて、

「かといって、山口組に残るほうを選んだとしても……」

と、続けてくれたところによれば――。

その場合、兄貴分であった人が一和会の最高幹部にいる以上、何らけじめをつけずに山口組の座布団に胡坐をかいているわけにはいかなくなる。

その役目は、他の者に後れをとるわけにはいかず、自分の責務となってくる。けじめをつけずして、男が立たないのだ。

しかし、それをやり遂げたあとに来るものは何か。

最初のうちこそ、周囲からは、

「さすがや。情に左右されることなく、見事に義を貫きよった。どこまでも筋を通す男や。これぞ、俠《おとこ》。極道の鑑や！」

と賞賛の声があがるだろう。が、歳月が流れるにつれ、その声はいつしか、

「あれは恐ろしい男よ。なんぼ極道の筋やいうても、自分の兄貴分まで……油断ならないヤッチャなあ」

というふうに変容していくのは目に見えている――と。忠ならんと欲すれば孝ならず、孝ならんと欲すれば忠ならず。

どっちにしても、待っているのはイバラの道、試練であり、そのとき、黒澤は極道人生最大の岐路に立たされたのだ。

生きるべきか、死ぬべきか？　まさしくハムレットの心境である。

そうした激しい葛藤の末に、彼が選んだのは、極道としての実質的な切腹――引退の道であったのだ。

なんとも凄い話である。

もとより、私が氏から、そんな話が聴けるようになったのはずっとあとのことで、出会った当時はそれどころではなかった。

黒澤キッシンジャーが去ったあと間もなくして、彼が元いた世界では、とんでもない事態が起きていた。

世に「山一抗争」といわれ、のちに警察当局をして「ヤクザ抗争史上、最大にして最悪」と言わしめた山口組と一和会の大抗争の勃発である。

ときを同じくして、黒澤もまた、それとは別の闘いに、命を賭けて取り組もうとしていた。

2

ヤクザ渡世からきっぱり足を洗った黒澤明が、古いカタギの友人の誘いを受け、初めてマニラを訪れたのは、昭和60年1月16日のことである。

離れた元の世界がいよいよキナ臭さを増すなかで、彼のほうはそれを別世界のこととして、一切拘らず、完全にカタギとして生きる決意をしていた。

それでなくても、西の極道社会は関東と違って、いくら実力者だったとは言っても、引退してしまえば「普通《タダ》の人」、そこらへんのけじめははっきりしていた。

とはいえ、およそ30年も生きてきた世界を離れた寂しさ、空しさは拭いようもなかった。

「命をマトにして生きてきた極道渡世から身を引いて、胸のなかにポッカリと穴が空いてしまったような毎日」

を送っていたのだった。

それでもマニラでは、フィリピン在住17年という日本人実業家のヒロ山口との出会いもあって、ひとときではあれ、いい旅となった。

ヒロ山口はバンドマンだった関西大学在学中に黒澤との接点があり、その頃から、山口にとって黒澤は憧れの人でもあったというが、5日間のマニラ滞在で、2人はより親交を深めた。黒澤には山口が実の弟のような存在になったのだ。

だが、マニラの旅を終え帰国した5日後、黒澤を待ち受けていたのは、衝撃の1・26事件であった。

一和会ヒットマンによって四代目山口組竹中正久組長、同中山勝正若頭、同南力若中が一挙に射殺されるという、世を震撼させる事件が起きたのだ。

山一抗争の勃発だった。

「何ちゅうこっちゃ！……」

黒澤は天を仰いだ。

山口組が割れたときから、局所的な対立抗争もあるだろうとは予測されたが、よもや、ここまで最悪の事態に至るとは、黒澤にも想像さえつかなかった。

山口組、一和会双方に仲良くしている者や知っている者がいるだけに、他人事とは思えず、黒澤は胸を痛めた。

四代目山口組に送り込む形で直参に取りたてて貰った元黒澤組の身内――大阪の黒誠会会長前田和男（元黒澤組副長）、静岡・清水の美尾組組長美尾尚利（元黒澤組舎弟頭補佐）のこともおのずと思い遣《や》られた。

が、カタギとなった今となっては、もはや一切は埒外のことであり、自分が口をさしはさめることでもなければ、どうなるものでもなかった。

それでもかつて「山口組のキッシンジャー」の異名をとった男、その影響力はいまだに衰えない黒澤の身辺は、にわかに慌ただしくなったのは否めない。

そこでその喧騒から逃れようと、彼が決断したのは、1年間の予定でロサンゼルスへ移住することだった。いわば緊急避難的な処置である。

2月5日、日本を飛び立った黒澤が、まず向かったのはマニラだった。ロスへ行く前にもう1度、ヒロ山口に会いたかったからだ。

2人はマニラで再会し、このとき、黒澤が山口からたまたま聴くことになったのが、

「1月24日、ゲリラの写真を撮るためにホロ島に渡ったフリーの日本人カメラマンがいる。マニラからガイド2人を雇って行ったが、ガイドはスパイと見なされて射殺され、日本人カメラマンも囚われの身となってしまった」

との現地ニュースだった。

フィリピン南部のスールー諸島ホロ島に根を張る「モロ民族解放戦線」（ＭＮＬＦ）という反

政府イスラムゲリラ組織による犯行で、捕虜となった日本人カメラマンは、石川重弘という34歳の青年であった。

話を聴いて、黒澤は久しぶりに男の血が騒ぐのを覚えた。

「よしっ、その日本の若者を助けてやろう!」

すぐさま決意する。胸の空洞を埋める絶好のチャンス到来と思えたのだ。もはやロス行きも、頭から消え去っていた。

かくて1週間のフィリピン滞在の予定が、1年以上にも及ぶ長逗留となってしまうのだが、キッシンジャー流外交手腕はここでも存分に発揮される。

MNLFという世にも厄介な超過激派相手の交渉——日本政府にもできなかった難事に、黒澤は敢然と挑んだのだった。

「私がホロ島に入り、ゲリラの捕虜になってもいいと思った。そこからゲリラを懐柔して石川君を助けだそうとも考えたし、その自信もあった」

と、まるでウォーキングか何かの計画でもあったかのように、黒澤は述懐したものだ。

が、その実、それがどれほど危険で命がけの交渉であったか、他の誰にも真似できることではなかった。

ヒロ山口も、その心意気に打たれ、以前にも増して黒澤を慕い敬愛するようになって、全面的な協力を惜しまなかった。幸運だったのは、彼にはゲリラと直接交渉が可能なルートがあったことだ。

長年にわたって親交を結び、山口を実の弟のように可愛がっていたサルタン・ジャマルウル・キラム三世の存在である。

キラム三世は、スペインが侵略する前のフィリピン統治者であるスールー王家の末裔で、第34代のサルタン（キング）だった。MNLFのメンバーではないが、宗教的な結びつきから同組織に絶大な影響力を持っていた。

一方で、マルコス政権ともパイプがあり、皇太子の時代には、マルコス大統領の指名で、国会議員をつとめていたほどだった。いわば、宗教的な権威者であった。

黒澤はまず、このキラム三世とその実弟であるラジャムダ・エスマイル・キラム（皇太子）を通じて、ゲリラ側の使者との交渉から始めた。

その結果、わかったのは、日本人の石川カメラマンと同じ時期に、アメリカと西ドイツのジャーナリストもゲリラ側の人質になっているという事実だった。

モロ民族解放戦線といっても、一本化されているわけではなく、大きく3派のグループに分かれ、石川を拘束しているのは、米国・西独のジャーナリストを捕虜にしている部隊とは別、カヒール・ジョエルを隊長とするコマンド部隊であった。

黒澤が最初に行ったのは、石川が無事かどうかの確認をとる手紙をカヒール司令官に届けることだった。その手紙は、まずヒロ山口が英語で書き、それをキラム三世がタウソ語（ホロ語）に書き直したものだった。

ゲリラ側の返事で、その無事を確認したうえで、黒澤は初めて石川に手紙を書いた。

《謹啓　此の様にして日本語の手紙を受け取ることに貴君は先ず大きな驚きを持ったことでしょう。余り多くを詳しく書けないので今日は要点だけにします。私は大阪在住の日本人です。本年二月五日に遊びのつもりで私が以前より実弟のようにしているマニラ在住のヒロ山口を尋ねましたところ、貴君のことを聞きました。マニラ・ライオンズクラブの役員もしている男ですが、スールーのサルタン・ジャマルウル・キラム三世（コマンダー・ユソップの親友）とは義兄弟として四年半の間、毎日の様に会っている貿易商です。キラム三世に私が会ってみたところ、ヒロ山口のいままでの人を大事にする付き合い方が、サルタンに全幅の信頼を得ていることがわかりました。そこで私はヒロ山口に『日本人として同胞の為に、石川君を救出しようではないか！』と話したところ、彼も全力投球を約束してくれましたので、それに力を得て色々と調べました。

（中略）

今後、ＭＮＬＦ側の要求を正式に聞き、国内（日本）で私の友人達に世論を湧きたたせる運動をしてもらうようになっています。アメリカ人及びドイツ人の解放が先になるでしょうが、暫くの辛抱ですから、身体に留意して頑張られたい。必ず必ず近いうちに笑顔で会える日が来ますから何の心配なきように、君からの返書をもらって欲しいとサルタンに頼んであるのでコマンダー・ユソップに託していただきたい。取り急ぎ乱筆乱文失礼。元気で。》

「必ず必ず」と重ねている文章に、黒澤の並々ならぬ意気込みが伝わってくる。

ここでいう「コマンダー・ユソップ」というのは、前述した米・西独ジャーナリストを捕まえているゲリラ部隊の司令官のことだ。

これによると、ユソップの親友でもあるキラム三世は、この時点ですでに米・西独両大使から正式に囚われの身の両国ジャーナリストの救助を依頼されていたことがわかる。

だが、この手紙は石川青年のもとには届かなかった。代わりに、ゲリラから日本大使館宛に書かされた5月7日付の石川の手紙が、あるモスリムの人間を通して黒澤のもとに届いている。それには、

《私を解放する条件として誰か一人、私が無事であるという事を確認する意味で、この手紙を持ってきた人と一緒に、できればホロ島へ、それが不可能な場合、ザンボアンガまで私を引き取りに来て欲しいとのことです》

ということが書かれていた。

これを新たな人質をとるための罠と見たのか、それとも単に事なかれを決め込んだのか、日本大使館はその手紙に対し、何も応えなかった。

それでなくても、現地の日本人の間で、日本大使館の評判はあまり芳しくなかった。

「日本大使館ほど何もしてくれないところはない。日本へ帰っても大使館への税金だけは払いたくない」

と公言して憚らない在比日本人も少なからずいたほどで、今度の石川カメラマン問題においても、見事なほど動かなかったのが彼らであった。

そんななかでも、なんとか同胞を助けようと誠意を見せた唯一の関係者もいたというが、いかんせん、仲介役のサルタンが日本大使館をまるで信用していなかったのだ。

ともあれ、黒澤はそのことを知って口惜しがり、さっそくその石川の手紙に応えるべく2度目の手紙を書いた。

《(前略) 前日本大使からサルタンに「どうかあなたの力をかしてください」と直接話があったそうですが、サルタンは私やヒロ山口が頼めば力になってくれるが、日本大使が頼んでも動こうとはしないのです。勿論アメリカ、ドイツ、パキスタンの大使から頼まれていることには動いていますが、そのことでも私とヒロ山口とはすべて相談を受けております。

前文が長くなりましたが、その様なわけもあって貴君の手紙が私の手許に届いたのです。貴君の手紙については、コマンダー・カヒール・ジョエルの使いの人と相談しながら、貴君を救出するのに一番近道の方法を考えながら検討しています。先ず貴君の手紙の内容が当地のマスコミに漏れることを我々は一番心配しているのです。

前の手紙に私の身分等を書きましたので、コピーを同封します。とにかくなんとしても貴君を救出する為頑張りますから期待していてくれ》

これが5月17日付の黒澤の手紙で、石川から返事が来たのは5月23日付のものだった。

《五月二十三日、確かに受けとりました。私が間違いなく生きているという意味で、日付と名前を書いておきます》

また、追伸として、

《(前略) 私自身、人質なのか訪問者なのかはっきりわかりません。もし私が人質であり、身代金を要求されているのであれば、「私の家族は大金もないし払う気もない」と伝えてください。

それだけで充分です。人質である場合、家族の方には、私はこの島で死ぬ覚悟だと伝えてください》

とあった。

実際、石川の懸念は、このときにはすでに現実になっており、ゲリラ側からは、身代金30万ドル（日本円で約7000万円）、マシンガン100丁という要求が日本大使館、並びに彼らと交渉を重ねる黒澤たちにも届いていたのだった。

3

黒澤たちとゲリラ側との交渉は、使者を介して手紙の遣りとりから始まったのだが、当然ながら最初からスムーズにいったわけではなかった。

いくら一目置く王族のキラム三世の仲介とはいえ、相手が日本の民間人とあって、ゲリラの方ではまるで信用していなかったのだ。

それを黒澤は粘り強く交渉を重ね、なんとか解決への糸口を見つけ出そうとしていた。

ゲリラ側の手紙は、黒ペンと赤ペンとを使い分けたものだった。赤ペンで書かれたものは血の色を指し、脅しの表明であった。

それはヒロ山口に指摘されるまでもなく、その赤ペンの文字を見た瞬間、黒澤にも理解できることだった。

が、ゲリラ側にすれば、相手が悪かった。そんな脅しは黒澤には通用せず、逆に、男の怒りに火を点ける結果となったのだ。

黒澤はヒロ山口にこう言った。

「日本人を舐めて貰っちゃ困るな。よし、ヒロ、連中に、カヒール・ジョエルに、こう返事を書いてくれないか。

日本人は心と魂で生きてるんだ。タウソ——ホロ諸島の歴史も、心と魂じゃないか。話しあいのテーブルに着いた以上、卑怯な真似はするな！——って」

そのうえで、手紙の遣りとりだけでは埒が明かないと見た黒澤は、いかにすれば彼らを納得させることができるのか、思案を巡らした。

2月半ば、初めてキラム三世、ヒロ山口の導きでホロ島に渡って以来、黒澤は何度か渡島を重ねてきた。島の人々の暮らしぶりを見たり聞いたりもした。

ホロ市の街を始め漁村地帯に住む彼らこそ、ホロ島の山中に拠点を持つゲリラたちの家族であり、シンパであるのは間違いなかった。イスラム教徒は妻を4人まで持てることもあって、家族も多かった。

その彼らの大半は漁民であり、魚を獲って生計を立てていた。だが、市場があっても、魚を保存したり、計画的に売買する機構を持っていなかった。

黒澤が目をつけたのは、そこだった。彼らの生計を安定させれば、ゲリラ側を懐柔することができるのではないか。少なくとも自分たちを信用してくれるのではないか、と。

キラム三世に相談すると、行政を司る彼らの村長や町長たちも同じような考えを持っていることがわかって、話は早かった。

黒澤は次に、魚を一括して買いあげてくれる主を探す段になって、間もなくしてその人物が見つかったのは、大阪時代以来の幅広い交友——豊富な人脈の賜ものであった。

たまたまマニラで再会した旧知の後藤守孝が、その話を引き受けたばかりか、当地で魚の買い付け会社を経営している岡本という社長を紹介してくれ、2人で魚を買いあげてくれることになったのだ。

さらに大洋漁業系の会社も、イカ（スルメ用）200トンの買い付けを約束してくれた。冷凍設備も用意して、あとは現地の人間に漁業組合を作らせるだけとなったのだ。

そのため、黒澤はキラム三世、ヒロ山口とともに、漁業組合への補助金獲得のため、連日マルコス政権のモスリム省に赴いた。

その結果、掛けあいは奏効し、相当額の補助金のゲットに成功、漁業組合も無事に設立されたことで、ホロ島の漁民がどれほど喜んだことか。

彼らはいつしか黒澤を「ジュポン・ビッグ・ボス」と呼ぶようになっていた。

ジュポンとは日本人のことで、口先だけでない黒澤の実行力や手際の良さ、辣腕ぶりに感動した現地人が、感謝と尊敬の念をこめて名づけた愛称であった。

これには、それまで日本の民間人と見て、まともな対応すらしなかったゲリラ側も、態度を改めざるを得なかった。

ゲリラたちの留守を守る妻や家族の生活を安定させる基盤を作った「ジュポン・ビッグ・ボス」に対して、カヒール・ジョエル隊長も、ようやく只者ならざる相手と気づいたのであろう。とりつく島もなかった彼らの態度も少しずつ変化を見せ、頑として聴く耳を持たなかったのが、耳を傾けるようにもなっていく。

ところが、その一方で、ゲリラと交渉している日本人の存在を摑んだマルコス政権が、これを看過できず、黒澤とヒロ山口の身辺調査を開始している——との情報が、当の黒澤たちにも入ってきた。

「それはどういうことかな」

黒澤が、今回の救出運動で知りあった朝日新聞特派員の高野和彦や情報通に相談すると、

「う～ん、それはかなり危険な兆候ですね。ヘタしたら、黒澤会長はマルコスの正規軍に暗殺されるかもわかりませんよ」

と真顔で心配したものだ。

いや、それだけではなかった。黒澤の耳には、

「マルコス側だけではない。他の組織からも黒澤たちに対する暗殺指令が出ている」

との噂が飛びこんできていた。

「面白くなってきたなあ」

黒澤は久しぶりに血が滾《たぎ》るのを感じだした。胸にポッカリ空いた空洞も、いつしか消えつつあった。

それに対し、

「黒澤会長、これはヤバいですよ。命がいくつあっても足りないじゃないですか！　もう手を引きましょう。私は怖くてたまりません」

ヒロ山口が顔を蒼ざめさせて訴えたのも無理はなかった。なにしろ、ずっと黒澤に影のように付いて一心同体、献身的に動いてきたのが彼であった。

「いや、ヒロ、オレは逆に燃えてきたよ。こうなったら、何があっても石川君を助けてみせるよ」

眼を爛々と輝かせる黒澤に、

〈いったいこの人は何を考えてるんだろ？　せっかくカタギになって平穏な暮らしができるというのに……命は要らないっていうんだろか……〉

と呆れる思いがしたが、すぐに胸が熱くなった。

〈ああ、これでこそ、あの黒澤明なんだな。オレが大阪時代に憧れた黒澤明そのものだ！〉

と思わざるを得なかった。

「けど、石川君を助け出す前に、オレたちが殺されるわけにはいかんからな。なんとか打開策を考えなきゃならんな」

事ここに至って黒澤も、マニラの日本大使館に話を持ち込み、相談に乗って貰うことにした。対応してくれたのは、日本大使館一等書記官で警察庁出身の西川徹矢であった。黒澤は現在に至るまでの経緯を説明し、すべての情報や資料等を出した。

一等書記官は、

「正直なところ、複雑な日本本国の事情もあって、石川君の救出問題に関しては、いまひとつ踏みこめない状況にあるんです」

と前置きしたうえで、

「マルコス政権側があなた側の身辺をリサーチしているというのは事実です。そして、ホロ島のMNLFゲリラに接触したあなた方の暗殺を視野に入れているのも、大いにあり得ることです」

と言いにくそうに切り出した。

黒澤は傍らのヒロ山口に目を遣りながら、

「西川さん、私が暗殺されるなんてことは端から覚悟のうえでやってることですが、問題は、手伝ってくれてるこのヒロ山口や、他の者のことなんです。私は彼らを死なすわけにはいかんし、守らなきゃなりませんから」

「仰る通り、黒澤さんは石川君を連れて日本に帰れば済むことかもしれませんが、現地に残るヒロ山口さんやその他の人の今後はどうなるかという話になりますね」

「そこなんです。いっそアメリカや西ドイツのケースのように、国レベルの話にして貰えれば、その懸念もなくなるんですが。今、米・西独ジャーナリスト捕虜の救出をキラム三世に依頼しているのは、政府軍の全権指揮を執っているジェネラル・ラモスです。石川君のこともキラム三世を通してフィリピン政府に頼んでくれるよう、大使館側から話を通してくれるわけにはいきませんか」

「ええ、なんとかそのようにできたらいいですね。私はともかく話をしてみます」

あまりはかばかしい返事は返ってこなかったが、それでも日本大使館として誠意ある対応をしてくれたのは、この西川一等書記官だけといえた。あとはまるで埒が明かず、話はいっこうに進まなかった。

別の大使館員に至っては、黒澤が、

「内閣調査室あたりでどうにかならんのですか」

と相談したところ、

「いや、どうにもなりません。私どもではどうしようもないことなのです。もし、石川君を救出できたら、ホロ島から日本大使館までの舟賃ぐらいは出せると思いますが」

と、お役人根性丸出しの科白を吐く者もいる始末で、これには黒澤もヒロ山口も大笑いするしかなかった。

しかし、黒澤たちにとって、すでにマルコス側から身辺を調査され、政府軍から暗殺の危険性さえ生じている身とあれば、もはや笑いごとでは済まされなかった。

同時に身に沁みてわかったのは、日本大使館はまったく頼りにならないということだった。

アメリカと西ドイツの場合、キラム三世、ヒロ山口と共同で使用している黒澤のマニラの事務所には、少なくとも週3回は大使や公史から電話がかかってきた。あるいはサルタンを訪ねて、「救出の件、頼みます」と彼らが直々にオフィスへ足を運んできた。

それが日本大使館の場合、大使や公使、書記官からの電話もなければ、ただの1度として黒澤のオフィスへ訪ねて来たこともなかった。

かくして黒澤たちははっきりと、

「こうなれば、自分たちでやるしかない」

と肚を括った次第だが、その前に、当面の問題は、迫り来るマルコス暗殺部隊から逃れる術、身の危険をどうするかということだった。

黒澤は、朝日新聞の高野フィリピン特派員や西川一等書記官に相談し、彼らと何度か話しあいを持った。

「そりゃ、黒澤さん、皆さんの身を守るためには、この事件を広く世に知らしめること、日本のマスコミを動員して石川君救出をアピールし、世論を盛りあげていくのが、ベストな方法ですよ。いわば、マスコミ陽動作戦。そしたらマルコスとて、黒澤さんたちに手が出せなくなるでしょ」

彼らのアドバイスは的確であった。

黒澤の頭のなかに、ある1人の男の名が閃いたのは、そんな折だった。

――野村秋介だ！……

4

黒澤が初めて野村秋介と出会ったのは、8年前、昭和52年2月末のことだった。
まだ現役――三代目山口組系佐々木組（佐々木道雄組長・神戸）舎弟から三代目の直参になっ

たばかりの時分で――というより、明友会事件による懲役12年10カ月の刑をつとめ終え、社会復帰してわずか2カ月しか経っていないときである。

佐々木組幹部で鳥取・米子の那須真治に紹介され、大阪のロイヤルホテルで顔を合わせ、一緒に食事をしたのが、野村との長い交友の始まりであった。

このとき、野村秋介もまた、河野一郎建設相私邸焼き討ち事件による懲役12年の刑をつとめ終え、前々年の昭和50年3月27日に千葉刑務所を出所したばかりであった。

野村という男と初めて会って、黒澤は内心で「おっ！」と驚きの声をあげていた。

今まで随分いろんな人間を見てきたが、これほどまで眼が輝いている男に、いまだかつてお目にかかったことがなかったからだ。

〈しかも、この男、12年の長期刑をつとめて帰ってきて、まだ2年にもなってないというじゃないか。ふつうなら刑務所《ムショ》ボケしていてもおかしくないのに、それどころか、またすぐにでも何かをおっ始めようと、燃えてるような眼をしてる……〉

この黒澤の予感はズバリ的中することになるのだが、まさかこのときは、それが現実になろうとは彼にも想像さえできなかった。

12年もの長い苦しい懲役を体験して帰ってきた人間が、2年も経たずに再び長期刑覚悟で、事を起こすなどというのは、到底信じられなかったのだ。

聞けば、昭和10年生まれの同い歳、片や渡世人、片や右翼民族派として別々の道を辿っては来たが、同じように確信犯として長い懲役をつとめ、自分の信念に従って自らの信じる道をただひたすらに歩んで来ている者同士であるとは、何を語らずともわかりあえた。山の頂上を目指すのに、別の方向から登っている男に違いない——と。

両者を引きあわせた那須真治が、

「黒澤の叔父貴、私は野村さんとは千葉で10年くらい一緒で、私のほうが少しあとに出たんですが、獄中《なか》では随分お世話になったんですわ」

と述べると、黒澤も首肯《しゅこう》し、

「ほう、それなら私からも野村さんにお礼を申さなきゃなりませんな」

「何を仰います。お世話になったのはこっちのほうです。那須さんとは、あんなところに10年も一緒にいて、ただの1度も揉めたこともなければ、不快な思いをしたこともないという、不思議なほど気の合う友人となったんですよ」

「えっ、そら確かに不思議ですな。あそこじゃ、誰であれ、長くいりゃ揉めるのが当たり前ですから」

刑務所の中の実状を誰より知る黒澤も、感心したように応えた。

「そりゃ叔父貴、千葉いうところは、長期でも15年、20年、無期が大半、全国から筋金入りの猛者から曲者まで、いろんなのが集まって賑やかなとこでしたわ」

と言う那須自身、山口組全国進攻の過程で、鳥取・米子で起きた、ヤクザ史上名高い〝山陰夜行列車殺人事件〟のヒットマンとなった男だった。

事件が起きたのは、昭和36年10月4日午後8時、米子発鳥取行きの夜行列車の車中でのこと。

三代目山口組系地道組山陰柳川組（柳川甲録組長・米子）の組員3人が、本多会系平田会（平田勝市会長・神戸）山陰支部長の松山芳太郎を襲撃し刺殺した事件で、那須は実行役の1人だった。

このとき、彼は20歳、ヒットマンとして完璧な仕事をやってのけた。

列車の中で、ターゲットにすばやく駆け寄るや、相手の躰を抱えこむようにして、その胸を短刀で2回突き刺したのだ。それは心臓にまで達する致命傷となり、ほぼ即死状態であった。那須は相手手首の脈までとって、その死を確かめている。

事をなし終えた那須は、相棒とともにすばやくデッキへと移動、徐行し始めた列車の窓から、ためらうことなく飛び降りた。

この事件によって、那須は懲役15年の刑を受け、千葉刑務所へ服役となり、そこで野村秋介と出会ったのだった。

ともあれ、こうして那須に導かれ、黒澤は野村と知りあい、一緒に食事をし、遅くまで酒を飲んで語りあい、肝胆相照らす仲となった。初対面にして、その日のうちに生涯の友となったのである。

「那須君、いい男を紹介してくれたな。ありがとう」

黒澤が那須に礼を述べると、

「滅相もない。けど、叔父貴、やはり私が睨んだ通りになりましたな」

「何がや？……」

「いえ、私は必ずお2人が意気投合すると思ってましたんや」

「……」黒澤は静かに笑って、那須を軽く睨んだ。

夜行列車事件を起こした当時、三代目山口組地道組山陰柳川組組員であった那須は、服役する直前、地道組若頭の佐々木道雄の盃を受けて佐々木組若衆となっていた。

懲役15年の刑をつとめ終え、出所すると同時に、三代目山口組佐々木組の若頭補佐に昇格した那須にとって、佐々木組舎弟（すぐに三代目山口組直参に昇格）の黒澤は、叔父貴に当たったのだ。

ところが、野村と知りあって数日を経ずして、いきなりその名がテレビニュースから流れてきたときには、黒澤も思わず、

「――えっ?! 何や！……」

眼がブラウン管に釘づけになった。

昭和52年3月3日、世に言う「経団連襲撃事件」勃発のニュースであった。

同日夕、大悲会会長野村秋介、元楯の会隊員伊藤好雄、同西尾俊一、元大東塾塾生森田忠明の4人が、「YP（ヤルタ・ポツダム）体制打倒青年同盟」を名のって、散弾銃、拳銃、日本刀を持って東京・大手町の経団連本部に突入し、常務理事ら職員12人を人質にとってこれを占拠、YP体制打倒、財界の営利至上主義糾弾を強く訴えたのだ。その檄文（一部）には、

《日本の文化と伝統を慈しみ、培ってきたわれわれの大地、うるわしき山河を、諸君らは経済至上主義をもってズタズタに引き裂いてしまった》《すべては日本民族の弱体化を眼目としたヤルタ・ポツダム体制の歴史的呪縛にその源泉を見る。この三十年間に及ぶ戦後体制を最も強力に支

えて来た勢力が、全権思想・営利至上主義の大企業体質そのものであったことも韜晦《とうかい》をゆるされぬ事実である。

われわれはかくのごとく断じ敢えてこの挙に及ぶ》

とあった。4人は三島由紀夫未亡人の平岡瑤子の説得で、約11時間後に人質を解放し投降したが、反体制右翼――新右翼の存在を世に知らしめた事件となった。

これによって、野村は懲役6年、伊藤、西尾、森田の3人は懲役5年の刑に服すのだが、黒澤は、

〈なんて男だ。12年の懲役から帰って間もないというのに……〉

と驚きつつも、野村の爛々とした眼を思い返し、

〈やはりそうだったのか……〉

とも思いあたるのだった。

それにしても――と、黒澤は考えざるを得なかった。野村たちがターゲットにした対象といい、命を賭けて訴えたことの中味といい、黒澤がそれまで知っている右翼とはまるで違っていた。

関西のほうでは、とかく〝右翼〟というと、ヤクザにもなれない、カタギにもなれない中途半端な輩の逃げこむ先――と、一段低く見られがちだった。実際、何ら思想性も行動力もなく、シノギの手段として看板を掲げている連中も少なくなかったから、黒澤にしても、似たような目で見ていたのは否めない。

だが、初めて野村秋介によって、そんな手合いばかりではない本物の右翼を教えられたような

気がした。

〈要は、初めてエセ右翼ではない、本物に出会ったっちゅうこっちゃな。けど、せっかくいい縁ができたと思いきや、あの男と来たら……〉

黒澤に苦笑が浮かんできた。知りあったばかりで、すぐまた6年間、会えなくなるのだから、何をか言わん。

「しょうがない。待ってやるさ。6年なんてあっという間だろう」

黒澤は那須に告げたものだ。

確かに野村が府中刑務所に服役中の6年間というのは、シャバの黒澤にとって、あっという間の歳月だった。

ほぼ13年もの獄中暮らしから帰ってくるや、三代目山口組組長田岡一雄の盃を受けて直参に昇格、たちまち目ざましい活躍を見せ、黒澤は見る間に売り出していったのだ。

その一方で、山口組はかつてない激動の時代を迎えていた。大阪戦争が勃発、田岡三代目が銃撃されるベラミ事件が起き、凄まじいばかりの報復戦や抗争終結宣言があって、三代目の死去、跡目の絶対的な本命といわれた山本健一若頭の死去と続いて、跡目を巡る状況は混乱を極めていた。

山本広組長代行派と竹中正久若頭派の熾烈な跡目争いは、波乱含みで予断を許さぬ状況にあった。

野村秋介が6年の刑をつとめ終え、府中刑務所を出所してきたのは、そんな最中だった。

昭和58年8月19日のことで、東京・府中の大國魂神社は、野村を出迎える大勢の人々で埋まった。

そのなかに黒澤の姿もあり、傍らには山口組佐々木組舎弟の那須真治や黒澤組舎弟頭補佐の美尾尚利の姿もあった。

「お疲れさん、6年ぶりや」

「一別以来ですね」

「そう、事件の2~3日前でしたな。あんたって人は、ひどい男だ（笑）。おかげで私まで、大阪府警から参考人調べを受けるハメになったですよ」

「そりゃ、申しわけありません」

「本当に会いたかったわ」

「私のほうこそ」

2人の間で、6年の空白期間がたちまち消え去っていた。

2人の交流は復活し、より親しさを増し、男同士の魂が触れあって、心を許しあう盟友となるまで、そう時間はかからなかった。

それから2年――。フィリピン・ホロ島のゲリラに捕まった日本人カメラマン救出に向けて奔走していた黒澤の前に、立ちはだかったひとつの壁。

その壁をどうぶち破ろうかと考えたとき、黒澤の脳裡に電撃的に閃いたのが、盟友・野村秋介であった。

〈ここは野村秋介しかいないだろ〉

黒澤はマニラから急遽、日本に飛んだ。

5

東京・浜松町の野村事務所で、黒澤は今までの経緯を縷々《るる》野村に説明し、最後にこう締め括った。

「……そんなわけでね、私はなんとしてもこの日本の青年を助けたいんですわ。そのために、一歩一歩状況をクリアしていってかなり詰めたと思いきや、ここへ来てちょっとした手詰まり状態、おまけにこっちの身まで危なくなってるという状況や。これをどう突破するかとなったとき、私の頭に浮かんだのは、野村秋介だったんや」

黙って黒澤の長い話に耳を傾けていた野村は、

「そら、会長、光栄というもんですわ」

眼を輝かせて、身を乗り出した。野村は黒澤のことを、近い人たちがそう呼ぶのに倣って、「会長」と呼ぶようになっていた。

「そしたら、野村先生、ワシに力貸してくれますか」

「何を言ってるんですか、会長、そんなことは当たり前ですよ。天下の大事をともに闘える男――と、常々言ってきた仲じゃないですか」

「ありがとう。オレはなんていい友を持ったんだろ」

黒澤の目が潤んできた。

「さしあたってマスコミを動員して、この問題を訴え、広く世に知らしめることが先決ですね。石川君を救出する会――というようなものを作って、テレビやジャーナリスト、人権活動家ら、より多くの人間に支援を呼びかけます。会長、やりましょう」

野村はさっそく動いた。

10月2日午後、川崎の自宅に、旧知の弁護士遠藤誠を始め、新雑誌X編集長丸山実、朝日新聞記者伊波新之助、日本テレビディレクター小田昭太郎、フライデー記者新藤厚、週刊ポスト記者片瀬裕、統一戦線義勇軍議長木村三浩（のちにフォーカス記者土場喜徳、フジテレビディレクター米沢信介も参加）等々のマスコミ人を招集、フィリピンMNLFによる日本人カメラマン拉致事件と黒澤明たちによる救出運動の実状と経過を説明、今後、自分たちがどう運動をバックアップしていくか、その話しあいを持った。

野村から連絡を受け、このメンバーの1人として出席したのが、私であった。私はここで初めてフィリピン・ホロ島のMNLF（モロ民族解放戦線）による石川重弘君拉致事件を知るところとなり、黒澤と縁ができる始まりとなったのだった（実際に会うのは、この2カ月後のこと）。

この野村邸における話しあいの場で、私が今も印象深く憶えているのは、新雑誌X編集長の丸山実が、

「そりゃ（石川君の救出は）無理だよ。MNLFに捕まってるのを、民間人の手によって救出す

るなんて土台無理な話」

と断言したことだった。丸山はこう続けた。

「国と国との間で人質事件が発生した場合、一民間人が救出に成功した例はいまだ記録にないし、ましてホロ島が属するスールー諸島のスールー民族は、かつてマニラのルソン島とは別の王国——モスリム王国を持ってたんです。それがキリスト教の伝播によってフィリピンは統一され、彼らの王国は滅んだ。これを良しとせず、独立運動を起こしたのが、MNLFですよ。従って、彼らはフィリピン国籍を拒否し、いまだ身分上はフィリピンになっていない。だから、この日本人救出は、フィリピン政府とも敵対する形になるわけで、どっちにしたって至難の業ですな」

丸山実は1960年代後半の全共闘運動華やかなりし時代に、全共闘のバイブルと言われた月刊誌「現代の眼」の編集長として新左翼運動を牽引した男だった。

すると、丸山に対し、敢然と異議を申し立てたのが、帝銀事件の弁護団長として知られる遠藤誠であった。

「これこれ、丸山さん。おかしなことを言う人だなあ。革命家にして反権力ジャーナリストの最たる丸山実の弁とも思えませんなあ。闘う前から勝てない、無理と言う。これを称して敗北主義というのです。あなたはいつから敗北主義者になったのですか」

これには丸山も一本とられて苦笑したが、「天皇制打倒」を唱える極左の遠藤誠と、野村秋介の関係というのも不思議であった。

政治思想は正反対であるはずなのに、両者はなぜか気が合い、共感めいたものも感じるのか、遠藤は「僕と彼は兄弟分、ただし、どっちが兄で、どっちが弟かはわからないけど」と公言するほどだった。

互いにイデオロギーは真逆でも、共通するのは反権力・反体制、「己を勘定に入れない」姿勢で、2人は今回のゲリラ事件だけでなく、その後も、暴対法（暴力団対策法）反対運動、山口組國領屋一力一家追放住民パワー問題等々、何かと共闘することになるのだった。

2人はもともと縁があって、遠藤が師と仰ぐ狭山裁判の主任弁護人青木英五郎の甥が、五・一五事件の主謀者三上卓門下の青木哲。この青木こそ、不良少年だった野村を右翼民族派運動に導いてくれた恩人であった。

ともあれ、かくて昭和60年10月2日、野村秋介、遠藤誠を代表とするマスコミ人有志で結成されたのが、「石川重弘君を救う会」だった。

同会の役割は、石川カメラマンの一刻も早い救出を外務省に働きかけること、この問題を広くアピールして世論を沸きたたせることにあった。

が、外務省としての見解は、「石川氏の生存は確認しているが、この問題には頭を抱えている」といった内容のものだった。

同時に困った問題が起きてきた。一部の日本のマスコミで、石川の死亡記事が流れてしまったのだ。

そのために黒澤はまたもヒロ山口とともにホロ島に入り、奔走しなければならなくなった。

「石川重弘君を救う会」も石川宛に手紙を書いた。

《(前略) 貴殿の救出の時期が熟して来ました事をまずお知らせ致します。唯今度の事件は比国、日本国、米国、独国、パキスタン、ＭＮＬＦ及び各国在比大使館が関わりを持ち大変大きな問題となっております。その大きな問題の真ん中に貴殿が現在有ると言う事を充分に自覚してほしいと進言致します。

その様な現状につき私達もより慎重に行動せねばならず、在比国日本大使館との連絡を取りながら着実をもって貴殿の救出の日に向かって行動しております。

現在私達の知りたい事は貴殿が健康に生存されている事の証明、及び貴殿の最近の写真です。この手紙の裏側に貴殿の手で証明の記をされ写真と同封で私達に届く様にして下さればよいと思います。

それを受取りましたらすぐに次の行動に移り一日も早く事の実現を計りたく思っています。

重ねて健康に留意される事を願い、又日本人としての精神を基に救出の時を待つ様にと願っております。

石川君救出日本人グループ》

この手紙は黒澤から現地のスールー諸島の市長を通じて石川本人の手に届き、その返辞も同市長が受けとって、それは同市長夫人から黒澤に郵送されてきた。

前述の「救う会」が書いた手紙の便箋の裏側に、

《10月24日、確かにこの手紙を受取り拝読致しました。写真はありませんので、私の持参したフィルム(スライド用)で撮影(10月25日)し、未現像フィルムを同封致します》

と本人の直筆で書かれ、同時に届いた10月25日付の彼の返書を抜粋すると、

《私は確かに生存しています。健康状態も良好です。

現在の私の居る場所は海岸沿いの村、バトバトから山頂に向い登って来た部落です。五月以来、ずっとこの場所です。

五月以来、三通、大使館宛に手紙を出し、誰一人、引き取りにザンボアンガまでも来れないという事は、ゲリラ側が日本、フィリピン政府、または私の家族に対し、途方もない要求をしているのではないかと考えます。それが現実なら絶対に応じないで下さい。私自身は今の生活に我慢出来ますし、自力脱出も不可能ではないと思っています。

来年の一月二十四日で一年過ぎる事になります。それまで皆様に救出されることを待ちます。それ以後は途方もない要求をしているものと判断し、自力脱出を決行しますので、来年の一月二十四日以後はホロ島においてのゲリラとの折衝を断って下さい。

事が単純でないことは充分承知していますが、私がゲリラの手中になければ、この大きな問題も消えてなくなる事だと思います。

救出される事が不可能な場合、最終的には自分で蒔いた種は自分で刈り取るのが本筋かと思います。皆様の救出を待つ身でありながら、こういうことを書くのは恥ずかしくもあり、生意気かとも思いますが、これが現在の私の心境です》

といったことが切々と記され、封筒には、本人近影のスライド用未現像フィルムと、自身の毛髪とが同封されていた。

6

手紙に「自力脱出を決行します」とあるように、実は長い捕虜生活の中で、石川重弘にそのチャンスが訪れたこともあったのだ。

コマンダー・カヒール・ジョエルのゲリラ部隊の虜囚の身となって2カ月になろうかという3月半ば。政府軍と激しい戦闘を繰り広げる彼らに連れまわされ、連日、山の中を苦しい逃避行を続けていたときのことだ。

ゲリラたちは昼の戦いに疲れ果て、その夜の塒《ねぐら》の農作業小屋《ニッパハウス》で、全員がぐっすり眠りこけていた。

石川はなかなか眠れなかった。寝に就く前、小屋の外から遠くに見下ろせたモロの町の灯りに、

「ああ、あそこに行けば、オレは自由になるんだ」

との思いが募ってきて、堪らなくなったのだ。

悶々として寝返りを打つと、その拍子に手に触れるものがあった。固くて冷たい手触り。

〈……こ、これは！〉

M16型機関銃であった。石川の扱い慣れている銃だった。

別名〝アルマイト〟とも呼ばれ、銃身や機関部分を除いてアルミニウムが使われ、軽くて扱いやすかった。石川もゲリラに何度も撃たせて貰ったことがあった。分解や組み立てもできたし、

操作も撃ちかたもすべて知悉《ちしつ》していた。

〈これでオレは自由になる！〉

石川はM16機関銃を手にし、そっと立ちあがった。小屋《ニッパハウス》の床で寝ているゲリラは、カヒールと手下たち全部で9人。

ニッパハウスの屋根の透き間から差し込む月光が、眠りこんでいる彼らを照らしだした。

〈全員ぶっ殺してやる！〉

メラメラと殺意が燃えあがった。

それでも極力怒りを抑え、冷静にアルマイトの安全装置を外した。

弾倉に装填された弾丸は、30発。レバーをフルオート（連射）にしたのは、むろん一気に片をつけるためだった。30発の弾丸をわずか2、3秒で全弾撃ち尽くすことができるのだ。

が、石川はここでハタと考えた。

〈けど、全員に撃ち込めたらいいけれど、1人でも撃ち損じたら、反対にオレが殺《や》られるだろ……どうする？……止めるか……〉

いろいろな考えが脳裡を渦巻き、心臓のバクバクも続いている。

月明かりに照らしだされ、ゲリラたちの寝姿もぼんやり浮かんでくる。そこには石川に良くしてくれたメンバーの顔もあった。

〈こいつはこっそりオレに煙草を分けてくれた男だ。あ、こっちのヤツの女房には、親切にして貰ったっけ……あそこのヤツは、子どもとオレは仲良しだった。こいつらを殺すなんて、オレに

は……いや、たとえ誰であれ、人を殺して帰って、お袋は喜んでくれるだろうか?……〉

千々に乱れる心の裡に、石川にパッと閃いたことがあった。そうだ、カヒールを人質にとればいい、と。

奥に寝ているカヒールのもとへ忍び寄り、その胸元に強くアルマイトを押しつけた。

ハッと気づいたカヒールに、石川は、

「ドント・スピーク、ドント・スピーク」

小声で繰り返した。事態を察したカヒールが、目を大きく見開いた。

「おまえを人質にして、オレはホロの町に下りる。さあ、外に出ろ」

「――待て。おまえを今、ここで解放したら、おまえは政府軍に殺されてしまう。そのうえ、オレたちの犯行にされるんだ」

「嘘を言うな!」

「本当だ。撃たないでくれ。頼むから撃たないでくれ」

必死の形相で命乞いするカヒール。腰を抜かし、もはや立ちあがることさえ叶わぬようだった。

石川も興奮の極みにあったが、カヒールの様子に、殺意だけは急速に萎えていった。「ウォッー!」叫びたい衝動を抑え、銃身を天井に向けるや、ここぞとばかりに引き金を引いた。

「ババッーン!」鋭い連射音があがって、石川は30発の銃弾を全弾撃ち尽くした。直後、その機関銃を思いきり床に叩きつけた。

〈ああ、これでオレも死ぬんだな〉

真っ先に石川を襲った感情だった。

ゲリラたちも全員が飛び起きた。何が起きたのかわからぬままに、茫然と立ち尽くす石川とカヒールを交互に見遣《や》っている。

が、カヒールの口から、「撃ち殺せ！」の命令は出なかった。

代わりに、彼は石川に優しくこう言うのだった。

「もう2度とこんなことはしないでくれ。オレたちはおまえが好きなんだ」

しかし、口とは裏腹に、この事件以後、石川に対する監視は次第に厳しさを増していった。マシンガンを持った2人のゲリラが、常に石川に付くようになり、トイレに行くのも銃口の監視つきだった。パスポートと現金、トラベラーズチェックも取りあげられた。

5月初め、差し出し人が「黒澤明」「山口裕康」という、明らかに日本人からのものとわかる手紙を初めて受けとったとき、石川はどれほど救われたかわからない。

それまでずっとゲリラたちと一緒に山の中のジャングルを逃げまわり、世間から隔離され、まるで暗い穴のなかに1人落ちこんだような絶望的な孤独感に襲われていたのが、初めて一条の光がサーッと差しこんできたような気がしたものだった。

「暫くの辛抱です。必ず必ず近いうちに笑顔で会える日が来ますから」

との文面が痛いほど石川の眼に沁み、胸に沁みた。

どなたなんだろう？――その名にまるで思いあたる節はなかったので、石川は首を傾げた。

〈自分のような身も知らぬ他人のために、命がけで助けてくれようとしている、このかたたちはいったいどういう人なんだろ？　黒澤明さんて、有名な日本の映画監督と同姓同名だけど、まさか違うよな？　何か関係があるのだろうか？……〉

　のちに「新たな命をくれた〝父〟」と仰ぐことになる、黒澤との最初の出会いであったが、石川にすれば、それはまさに「地獄に仏」にも等しかった。

　ゲリラたちとともに山の中を逃げまわった、地獄にも似た日々。

　その日々の開始となったのは、3月4日のこと。石川のいたゲリラ村のパシール地区に、500人前後のMNLFゲリラが集結した日であった。

　そこを狙って一挙壊滅を図った政府軍が、装甲車を先頭にして猛攻撃を仕掛けてきたのだ。

「パパパパーン！」という銃声が鳴り響くや、轟音をあげて装甲車が登ってくる。その後ろから大勢の兵隊が続く。

　たちまち敵味方入り乱れての激しい銃撃戦が始まった。石川の頭上やすぐ近くにも、弾丸がビュンビュン飛んでくる。なかでも「ビヨヨーン」と耳元でうなりをあげる跳弾音は、なんとも不気味で、後々まで石川のトラウマになったほどだ。

　まさしくそこは戦場、生きるも死ぬも紙一重だった。逃げるべき方向も、逃げる術さえわからず、パニック寸前の石川に、カヒールがすばやく近づいてきて、

「立ってちゃダメだ！　走って逃げたら殺《ゃ》られるぞ。標的にされる。地べたを這うようにして進むんだ」

　と言う。

それに従い、石川はすばやく地べたに伏せた。匍匐前進の要領で、カヒールのあとをついていく。

その途中で、顔の半分飛んだ遺体も見た。よく知っているゲリラで、サリップ・ワリという若者だった。

戦闘意欲丸出しの男で、常時マシンガンと45口径拳銃の両方を携帯しているばかりか、山刀まで腰に差していた。おまけに刃先に毒を塗る念の入れ様で、

「オレは弾丸を撃ち果たしても、必ずやこの刀で相手を仕とめてみせる」

と豪語していた。

ゲリラたちは誰もが、珍しい形の小石や貝の化石をお守りにし、

「アンティン、アンティン」

と弾丸除けのおまじないをして戦場に臨むのが常だった。

そんな闘争心もお守りも持ちあわせていない男が生きのびて、サリップ・ワリやゲリラたちが死んでいくのだから、なんとも皮肉なことだなあ——との石川の思いは、あとの話だった。逃げている最中はそんなことを考える余裕さえなく、這々の態で安全地帯へと駆け込んだものだ。

それから続いた山中の逃避行。ジャングルの中の小道をたどって無人の小屋を転々とした日々。ジャングルはヒルの巣だった。小屋にたどり着いて足を見ると、無数のヒルが吸い付いている。

それを引き剝がし、始末するのも厄介な煩わしい作業だった。

ゲリラたちとともに逃避行を続けた山の名がマギンタギス山——現地語で「泣く」という意で

あったから、石川にはなんとも皮肉な名だった。

それでも4月になると、一行はマギンタギス山の西側中腹、カヒールの弟・アブラハムの家に落ち着くことになった。

件のM16型マシンガン事件を起こしたあとだけに、石川への監視は厳しく、昼は山に登って強制労働に駆り出された。

ある日の作業は竹切りで、石川はゲリラたちとともに山からたくさんの竹を切り、それを抱えて家の前まで運んできた。

さらに彼らは、その竹を揃えてカットしたり、紐で結んだりして、せっせと何かを作り始めた。石川も一生懸命汗を流して竹を切って運ぶ作業を手伝っただけに、

〈こいつら、いったい何を作るんだろう？〉

と思って見ているうちに、段々と嫌な予感がしてきた。

果たしてできあがったニワトリ小屋のようなものを見て、石川はその予感がズバリ当たったことを知った。

何のことはない、それは石川の座敷牢であった。その夜から、彼はその牢屋に閉じこめられることになったのだ。それは二十畳ほどの部屋の片隅にこしらえられた一畳ほどの大きさの牢で、鍵の代わりにあっちこっちを紐で結んであった。

石川は完全なる捕虜生活を強いられる身となったのである。

主食はキャッサバというヤマイモのようなもので、これを茹でたり蒸《ふか》して、水で溶いた塩や唐

辛子に付けて食べるのだ。朝夕にはメザシが一匹ついた。

強制労働は朝7時から午後2時頃まで。山の開墾《かいこん》が専らの仕事で、山刀で藪枝を払い、一カ所に集めて燃やす。慣れない作業でストレスも溜った。

そんな石川に、ゲリラたちは容赦なくマシンガンを突きつけ、作業へと追い立てるのだった。

囚われの身の石川にとって、何よりつらかったのは、自分がいったい死刑囚であるのか、無期懲役囚なのか。それとも早期釈放が待っているのか、皆目わからなかったことだ。

それを考えるだけで気が変になりそうだったが、あるとき、石川に、

〈――待てよ。そうだ、いっそ気が触れたフリをしてみよう。解放されるかもわからん〉

と一計が閃いた。

翌朝からさっそく実行に移し、ボーッと前方の一点を見つめたまま、石川は誰に呼ばれても返事もしなかった。食事ものろのろと少ししか食べず、ブツブツとひとり言を言い出す。

携帯していたラジオの電池はとっくに切れているのに、さも音楽を聴いているように、それにあわせて顔や体でリズムをとった。

「ん？」と見張りの2人のゲリラが反応して、

「電池が入ってたかな？」

「いいや、入ってないぞ」

と互いに顔を見あわせ、とうとうおかしくなったかな、という顔になった。

石川が内心でしめしめと思っていると、続いて彼らの会話が耳に入ってきた。この時分には石

川も、モロ語が少しわかるようになっていた。

次の瞬間、彼を襲ったのは、失望と怒りだった。

「あいつが死んだら、オレはブーツを貰うぜ」

「よし、じゃあ、オレは腕時計を戴きだ」

なんと彼らは、早くも日本人捕虜が狂い死にすることを想定して、その持ち物の山分けの算段をしているのだった。

これには石川もギャフンとなって、狂人の真似は早々に諦めた。仮にその真似が成功しても、解放されるどころか、足手まといとして処刑されるのがオチだろう──と、知ったからだ。

それほど石川を捕らえたMNLFゲリラたちは、カヒール隊長以下、いずれもしたたかでタフ、一筋縄ではいかない連中だった。

7

ゲリラ側が人質にした日本人カメラマン石川重弘の身代金として要求していたのは、30万米ドル（日本円で7000万円）に加え、マシンガン100丁というとんでもない代物だった。

だが、黒澤明はマシンガンの要求に対しては、あくまで「ノー！」を貫き通した。その調達は不可能であるという日本側の事情を相手に理解させ、撤回させるに至ったのだ。

あとは身代金をどうするかの一点にかかっていたが、それも石川青年を救出すると決めたときから予測できたことだった。ヤツらは莫大な身代金を要求してくるだろう、と。

その資金をどうしようかと考えたとき、黒澤が相談したのは、古くからの大阪の仲間――スポンサーでもあったPGAグループ並びに関西経済誠友会（中小企業オーナーの集まり）の面々であった。彼らは黒澤の話を聴くなり、

「黒澤会長が日本人同胞を救うため、そこまで躰を張られるというのに、何で自分たちが黙って見てられますか。精一杯応援させて貰いますよ」

と二つ返事で資金援助を確約してくれたのだった。

それで身代金に関しては、なんとかなる――と、黒澤は自信を持った。

加えて日本で「石川重弘君を救う会」を立ちあげ、マスコミ陽動作戦を展開中の〝同志〟野村秋介が、親友である静岡の山口組系後藤組組長後藤忠政から、

「その身代金は私が出しますよ。我が家を担保に入れてもなんとかしましょう。野村さんの浪漫に賭けてみます」

との約束を得たという話も伝わってきていた。

黒澤にとっても、後藤はよく知る男だっただけに、

〈さすがや……けど、彼ならさもありなん。ありがたいこっちゃなあ……〉

と、その俠気に思いを馳せた。

それでなくても、黒澤が野村に助っ人を依頼した時分には、すでにゲリラが要求する身代金も、30万米ドルから13万米ドル（３０００万円）と大幅に下げられていた。「キッシンジャー」の異

名をとった黒澤の卓抜した交渉手腕のなせる業であった。

ゲリラたちの家族が住むホロの街の漁民に漁業組合を作らせ、生活を安定させたことで、現地人からは「ジュポン（日本人）・ビッグ・ボス」と敬愛され、次第にゲリラたちの心を摑んでいったのが黒澤である。

同年10月2日、野村秋介、遠藤誠という右と左の反権力の闘士を中心に、多くのマスコミ人によって「石川重弘君を救う会」が結成されるや、運動はエネルギッシュに展開されていく。

黒澤、ヒロ山口、キラム三世ら現地グループの獅子奮迅の活躍もあって、いよいよ救出の機は熟していた。野球でいえば、先発投手の黒澤が持ち前の実力を発揮して力投し、ゲームを作り、もはや完投勝利目前、そこにいわば締め括り、クローザーとして登場する形になったのが、野村秋介であった。

この救出運動において最終的なネックとなったのは、身代金問題だった。これをゲリラ側の要求のままに支払ったうえでの解決というのでは、いまひとつ芸もなければスッキリもせず、マルコス政府や日本政府絡みでのちのち何か問題が起きてくる懸念もあった。

ＭＮＬＦにしたって、それでは単なる営利誘拐になってしまい、到底革命を志すゲリラ組織からはほど遠く、モロ民族解放戦線の名が泣くというもので、ただの犯罪集団に堕してしまうではないか。彼らの矜持をも傷つけず、両者がもっと納得いく形で解決する方法はないものだろうか。

ここをどうクリアするか――野村秋介にひとつの妙案が生まれたのは、そんなときであった。

12月初旬、フィリピンに飛んだ野村は、黒澤に、

「会長、私に妙案があるんです」

と切り出した。

「この運動に笹川良一を引っ張り出そうと思うんです」

「ほう……そりゃまたどうして？」

意外な名前が出てきたので、黒澤はまじまじと野村の顔を見た。

マニラのマビニ通り沿いにある事務所2階で、黒澤と野村は向かいあっていた。

「会長の御尽力で、当初より随分下げられたとはいえ、それにしたってバカ高い身代金です。民間レベルでそれだけのカネをポンと出せるのは笹川会長しかいません。いや、それより何より、石川君を救出しても、それによって黒澤会長やヒロ山口さんが、マルコス暗殺隊に命を狙われたんでは元も子もない。まず、それを防ぐための笹川良一引っ張り出し作戦です。なんといっても笹川さんは、フィリピンでは国賓ですからね」

「……ふーむ、なるほどね」

「それと会長、もうひとつ。笹川さんが国賓である理由は何だと思いますか。彼はフィリピンに対して、過去、27億円にも及ぶ医療援助を行ってるんですよ」

「ほう、そりゃ凄いね。となると、国賓待遇も当然ではあるよね……ああ、そうか、野村先生、一石二鳥の手を考えてるんですな」

頭が切れる黒澤は、もうそこで野村のやろうとしていることを読んでいた。

「ええ、囚われの同胞のため、黙って身代金を出してくれっていうんじゃ、あまりに虫のいい話だし、笹川会長も納得しませんよね。そうじゃなくて、従来のフィリピンへの医療援助の一環として、今後、ゲリラの家族が住むホロ島住民にもその一部なりとも援助してやって貰えませんかということです。

それなら笹川良一がかねがね口にしていること、やっておられることの主旨にも叶うし、大義名分も立つはずだし、ゲリラ側の顔も立つ。僕らにしても、石川君を救出できるなら万々歳です」

「うん、そうなると、私のことはどうでもいいんだが、ヒロ山口の安全も確保できるし、それは一石二鳥どころか、一石三鳥ではあるね。三者にとっていい話ですわ。けど、野村先生、笹川さんを引っ張り出すことは可能なの？　実は私も現役のとき、笹川さんとはひょんなことでとっかかりができて面識はあるんだけど、それきりつきあいは途絶えてますからね」

「会長、実はもうアプローチしてあります。会うことはできます。あとは笹川さんを口説き落とせるかどうかの交渉にかかってきます。会長にはぜひともその席に着いて貰わないことには何も始まりませんよ」

「もちろんＯＫです。そうなると、キラム三世とヒロ山口にも同席して貰う必要があるね」

「ぜひ、そう願えれば。日本に来て貰わなきゃなりません」

「まあ、大丈夫でしょ。必ず彼らを連れて行きます」

「会長、その線でやってみましょう」

「うん、妙案ですな、確かに。……けど、野村先生、ひとつ気になるんだが」

「何でしょう？」

「新右翼のリーダーとされ、ある意味、反体制・反権力運動家のあなたや、バリバリの左翼、革命家とも自称されてるという遠藤誠弁護士にとって、笹川良一に御出動願うというのは、沽券にかかわる、ある種、屈辱的なことじゃないかと……」

「会長、それも承知のうえです。遠藤先生にはもう話して納得して貰ってます。あのかたはそんなことは少しも気にする人じゃありません。肚が据わってますよ。何やかや言うヤツが出てくるかも知れないけど、名もなき1人の日本の青年を助けるためです。私ごときが何を言われようと、もう慣れっこになってますよ」

「ありがとう。あんたの友情に感謝するよ。やっぱり持つべきもんは友だな」

「僕と会長は丹下左膳と鞍馬天狗のようなもん。群れなす敵に囲まれても、背中あわせで戦って死ねる仲ですよ」

「うん、まさしくそうや。その通りや。先生、あんた、うまいこと言うなあ」

　2人は心から笑いあった。

黒澤、野村、キラム三世、ヒロ山口の一行は、それから間もなくしてマニラから一路、東京へと飛んだ。キラム三世は初来日、ヒロ山口にとって久しぶりの里帰りであった。

私が成田の新東京国際空港において、初めて「山口組のキッシンジャー」といわれた伝説の元極道・黒澤明と対面したのも、このときであった。

12月18日、一行はさっそく東京・港区の日本船舶振興会本部に同会会長の笹川良一を訪ね、会長室において話しあいが持たれた。

この笹川と黒澤、野村、キラム三世、ヒロ山口との会談は、「石川重弘君を救う会」のメンバーである『フォーカス』誌記者である土場喜徳によって、同誌（昭和61年1月3日号）で報じられた。

当初からマスコミ陽動作戦を展開してきた同救う会にすれば、当然の戦略であった。

『「笹川良一」と「野村秋介」の〝身代金交渉〟——日本人カメラマン〝救出劇〟の見どころ』とのタイトルが躍り、写真は大きく2頁見開きで、会長室における笹川良一と4人の会談の様子が写し出された同誌の記事は、

《この〝ドラマ〟の主な登場人物は6人であるが、最初に出てくるのはそれほど珍しいキャラクターではなく、世界を飛び歩いて写真を撮っているという、まあ、よく見かける一人の〝冒険野郎〟だった。石川重弘さん（34）という、宮崎県出身のフリーのカメラマンである。話は、この石川さんが、1年前の'85年1月に、フィリピンの反政府ゲリラに捕まるところから始まるのだが、彼を救うために次々登場してくる人物が、何といおうか〝異色〟の人物ばかりなところがこの〝ドラマ〟を一転、実に面白くしたのである。

写真は、その最終場面に近い、12月18日のもので、場所は日本船舶振興会の会長室。中央にデンと構えているのが、石川さんを救う役回りで初登場のご存じ、笹川良一会長（86）である》

との書き出しで始まり、こう締め括られている。

《(「石川重弘君を救う会」は）外務省に働きかけたりするのだが、元々ＭＮＬＦにはフィリピン

政府が手を焼いておりラチが明かず、いよいよこの日ご登場願ったのが、ドンというわけである。だが、いかなドンでも、〝武器輸出《マシンガン》〟は遠慮したらしく、結局ＭＮＬＦへは医薬品供与などの医療援助をするということで、石川さん解放の話しあいがついたのだそうだ。１月下旬には、ドン自ら石川さんを引き取りにフィリピンに出向くそうで、この〝ドラマ〟最大の見せ場がそこで演じられることになるらしい》

まさしく黒澤がフィリピンに腰を据え、骨身を削って取り組んできた〝石川救出ドラマ〟は、多くの関係者の協力を仰ぎながらひとつひとつ実を結んで、いよいよ最終章にさしかかろうとしていた。

第二章 山口組のキッシンジャーと呼ばれた男

1年2カ月目の解放

石川氏（後列中央）を囲む救出に注力した関係者たち

1

ゲリラ側とおよそ1年にも及ぶ交渉を積み重ねてきて、あとは彼らとの間で、石川カメラマン解放の日程を詰めるだけ——という段階にまで至ったのだから、黒澤も、

〈ようやくここまで来た……〉

との思いはあったが、楽観視する気持ちには欠片もなれなかった。

それは長い間命をマトにした、一寸先は闇という世界に生きてきた男の身についた習性というものであったかも知れない。

「俗に、勝負はゲタを履くまでわからないというからな。まだまだ油断は禁物だ。これからもうひと波瀾ありそうな気がするな……」

昭和61年の正月明け早々、マニラの事務所に挨拶に来たヒロ山口に、黒澤はボソッと漏らしたものだ。

その予感は図らずも当たってしまい、果たして1月中旬、厄介な事態が待ち受けていた。

それは日本で起きた突発事で、

「いや、会長、あってはならないことが起きてしまいました」

野村秋介の国際電話を受けて、黒澤は東京へ緊急帰国しなければならなくなったのだ。

1月19日、朝帰りした私の自宅の留守番電話にも、午前5時という時刻に、野村からの電話が

入っていたので、何事か?!——と耳を澄ますと、

「山ちゃん、困った事態になったよ。明日の正午、うちの事務所に来てくれるか」

という野村の切迫した声が聞こえてきた。まだ携帯電話などなかった時代である。

いったい何が起きたのか？　野村に連絡をとって話を聴いたところ、10代20代の若者を読者対象にして絶大な人気を博する週刊誌『プレイボーイ』に、とんでもない記事が載ったというのだ。

さっそく購読してみると、自称〝国際浪人〟を名のるフリージャーナリストのWが、スペイン・マドリードの高級ホテルで、MNLFモロ民族解放戦線のヌル・ミシュワリ議長にインタビュー、その内容たるや、前述した笹川と黒澤、野村、キラム三世、ヒロ山口の会談を報じた写真誌フォーカスの記事を肴にして、ヌル・ミシュワリ議長に、

「MNLFは身代金要求などしない。サムライ記者・Wが現地まで来れば、石川君を無条件解放する」

とぶちあげさせているのだった。

〈あっ、こりゃまずいな！〉

私でも背中に寒気を感じるような記事で、野村が怒り心頭に発するのも無理なかった。

現地ゲリラ事情をよく知る黒澤たちによれば、MNLFは一本化されておらず、大きく分ければ3派（小さなものまで含めれば、スールー諸島全体で7つ）のコマンド部隊に分かれ、石川カメラマンが捕らえられているのは、カヒール・ジョエルを隊長とする部隊であった。ヌル・ミシュワリ議長とは関係のないところで動いている連中であり、議長とはいってもコントロール不可

なのだった。

この日本の週刊誌の記事を知ったとき、カヒール・ジョエルが、果たしてどんな反応を示すことになるか。場合によっては、「何だ、これは！」と怒りだし、交渉決裂しかねない可能性も出てきた。

そうなると、ゲリラの島の住民への医療援助を約束してくれた日本船舶振興会の笹川良一会長に対しても、嘘をついたことになって、黒澤、野村たちの立場はなくなってしまう。

それでなくても、この国際浪人氏には前科があった。かつて同じ週刊プレイボーイで、MNLF幹部の話として「石川カメラマン死亡」説を流布させた張本人だった。

この記事によって、宮崎の石川の母が、どれだけ哀しみ、悲嘆したことか。一時は葬式の準備までしていたのを、石川の兄たちに、

「まだ死んだと決まったわけじゃない。バカなことはやめろ」

と諭され、思い留まったという話も伝わってきていた。

おかげで黒澤たちは、その生存証明のため奔走し、やっとの思いで近影と毛髪を入手したといういきさつもあった。

怒りに駆られた野村は、すぐさま週刊プレイボーイを発行する東京・一ツ橋の出版社「集英社」に単身乗りこんだ。

野村の激しい抗議に、週刊プレイボーイ編集長もタジタジとなり、

「Wの情報ですから、私どもはいまひとつわかりかねます。必ずや近日中に、Wを連れて事務所

に事情説明にお伺いします」

と応えるしかなく、20日正午、野村事務所での話しあいとなったのだった。

当日正午前、私が東京・浜松町のビル9階の野村事務所に着くと、先客が3人、ソファーに腰かけていた。真ん中に畏っていたのが、モジャモジャ髪に口ヒゲ、眼鏡というテレビや雑誌で馴染みの国際浪人W、両隣りが週刊プレイボーイの編集長と副編集長であった。

この日のために急遽マニラから駆けつけた黒澤の姿もあり、他に事務所の主である野村、野村門下の蜷川正大、Wによって記事を利用された当のフォーカス誌記者の土場喜徳、私——と、定刻前には全員が顔を揃え、話しあいのテーブルに着いた。

「Wです」

編集長に紹介されて挨拶した国際浪人氏に対し、野村が第一声を放つ。

「君は原稿料貰ってやってるんだろうが、オレたちは商売でやってんじゃないんだ。みんな自腹切って、身の危険を冒してやってることなんだ。この前は〝死亡説〟を流しといて、今度は〝無条件解放〟だ。無条件解放だったら解放すればいいじゃないか。無条件で解放しなさい。何をみんなで大騒ぎすることあるんだ。現実に1年間も解放しやせんじゃないか。違うか。解放しないから、こっちがみんなで必死になってやってんだよ」

野村の声は次第に激してくる。憤懣やるかたない思いでいっぱいなのだ。

「あんたが死亡記事を流したときに、君からも事情を聞いた。向こうの議長がそう言ってたって言うけど、誰が何と言ったってね、現実に彼らとコンタクトがとれるのは、日本人でオレたちだけなんだから。そうだろう。それをあんたに言ってあるんだから、仮にこういうような問題が出てきたら、誠意があれば、我々グループに、『実はこういう話が来ています』って、然るべきことを言うのが当たり前じゃないか」

野村の問いかけに、Wは答える術もない。

野村はもう止まらなかった。

「はっきり言って、笹川に会うのも嫌なんだ、オレは。屈辱的ですよ。それでも現実にもう時間がないし、金は出さなくてもいい、と。金出すと、話は汚くなるし……。でも、石川君は1年間、（ゲリラから）飯食わして貰ったんだからな。少々の謝礼するの、当たり前でしょ。だから、医薬品を提供しましょう、と。向こうも、わかりました、と。あとは日にちの問題だ。まして今度我々が行くときに、政府軍から殺《や》られる可能性が充分にある。向こうと接触するんだから。そのために笹川良一をマニラの大使館に入れて、マルコスに折衝させ、なおかつ日本の一等書記官を連れてジャングルに入る、と。あとは日程の詰めにまで来てたんだ……それを御破算にするにも等しいことを、あんたはやったんだよ……」

この場に立ち会い、一部始終を目撃することになった私が、甚《はなは》だ興味深かったのは、黒澤と野村とはまったく好対照、〝静〟と〝動〟であるなということだった。

この場合、野村以上に激しい怒りを胸に秘めているはずなのに、黒澤はそんな様子はまるで見せなかった。憮然とした表情といえば、そう言えなくもないが、身振り手振りも交じえ、声も大きい野村に比して、どこまでも物静かで、声を荒らげることもなく、必要に応じて極めて論理的に物申すだけで、背筋をピンと伸ばしてポーカーフェイスを崩さなかった。

だが、黒澤を何者とも知らないW側にすれば、ある意味で、野村以上に怖かったに違いない。

さらにもう1人、Wによって記事を利用され、すっかり舐められた格好になったフォーカス記者・土場喜徳も、押さえられないほどの怒りを胸に燃やして臨んでいた。

このとき、彼がたまたま喪服姿であったのは、前日、中学生の息子を小児癌で亡くしたばかりで、仮通夜の徹夜明けで駆けつけたからだった。端から迫力が違っていた。

「あんたはいったい何だってこんな勝手な真似をするんだ。人の記事に便乗して、サムライ記者だか何だか知らないけど、こんないい加減なことをでっちあげてどういうつもりなんだ?!　この救出運動は、黒澤さんや野村さんが1年もの時間をかけ、命をかけて取り組んできて、あと一歩、最後の詰めのところまで来てるんだよ。それをあんたのつまんない功名心でぶち壊して、もし石川君の助かるはずの命が助からないなんてことになったら、あんたはどう責任をとるんだ?!」

息子の死という深い悲しみを乗りこえて駆けつけてきた男の異様な迫力の前に、Wたちは返す言葉を失っていた。

結局、この話しあい（というより、糾弾と謝罪の場でしかなかったが）は、Wと週刊プレイボーイ側が、全面的に勇み足を認めて詫びたうえで、

「石川君救出の邪魔をするようなヘタな動きは、2度と致しません」

と確約し、お開きとなったのだった。

2

日本の週刊誌におかしな記事が出たとして、不興を示し、態度が硬化しかけたカヒール・ジョエルに対し、東京からすぐさまマニラにとって返した黒澤は、再交渉を開始し、再び信頼を取り戻すまでそれほど時間はかからなかった。

何せホロ島の漁民やゲリラの家族たちに、「ジュポン・ビッグ・ボス」とリスペクトされている男。そのことはカヒールにも充分伝わっており、黒澤こそ彼が唯一信用を置く日本人といっても過言ではなかった。

黒澤は片方に傾きかけた秤を、元の平衡の位置にまで正すことに成功したのだ。

いよいよあとは、石川解放の日程をいつにするか——両者の間で、最後の取り決めがなされるばかりになった。

ところが、たまたまそんな時期——昭和61年2月初旬、フィリピン中に沸きたっていたのが、マルコスとアキノ未亡人（コラソン・アキノ）の大統領選のお祭り騒ぎであった。

それに続いて起きたのが、ラモス国軍参謀総長代行とエンリレ国防相の反乱、それに対する国民の支援という嵐のようなピープルパワー革命の勃発であった。

2月22日、ラモスとエンリレは、独裁を続けてきたマルコス大統領に反旗を翻し、数百人の兵士とともに軍の基地に立てこもった。彼らは国民と国軍兵士にマルコス打倒を訴え、呼応した1

00万人近い群集が、基地に続く通りを埋め尽くしたのだ。

25日、ついにマルコス・イメルダ大統領夫妻はマラカニアン宮殿を脱出、マルコス王朝は滅んで、アキノ政権が誕生するに至った。

そうした激動のフィリピン情勢があったために、ゲリラ側、救う会側ともに身動きがとれなくなり、その件は一時据え置きという形にせざるを得なかった。

ようやく情勢が落ち着きを見せた3月上旬、黒澤は再び始動する。ヒロ山口とともにホロ島に入り、ゲリラ側と交渉を重ねた。

ゲリラに医療供与する日本船舶振興会は、笹川良一会長自らがマニラに赴いて釈放された石川を出迎え、世界のジャーナリストを集めて記者会見を開く——と、劇的な場面を演出することを考えていた。

その日にちを3月15日から18日の間と指定、野村を通して黒澤に伝えてきた。

黒澤はその意向に沿って、ゲリラ側と最後の交渉を持ったのだった。3月10日のことで、黒澤はようやくコマンダー・カヒール・ジョエルから、待ちに待った回答を引き出した。

「3月15日午後4時、石川を引き渡す。場所はホロ島のキラム三世邸」

という同胞解放の日時と場所であった。

黒澤はただちにそれを日本で待つ野村に、国際電話で伝え、野村から笹川良一事務局、さらには「石川重弘君を救う会」のメンバーにも伝えられた。

いよいよ正念場は迫っていた。

笹川事務局の場合、フィリピン革命が起き、マルコス政権が崩壊したとき、野村との電話の中で、

「うちの笹川会長が現地に行くのは危険ではないでしょうか。アキノ派に何をされるかわかりません」

と強い懸念を訴え、腰が引けていた。

これには野村も、この期に及んで何を言うのか――と、些《いささ》か腹も立ったので、つい、

「それなら笹川会長にお出まし願わなくても結構ですよ」

と言って電話を切った。

それから間もなくして、笹川本人から野村に電話が掛かってきて、

「野村君、私は何があっても最後までやるつもりだから、黒澤君にも伝えてくれ」

と、肚の据わったところを見せたものだ。

「さあ、最後の締め括り、救出ドラマのクライマックスだ！」

野村が東京・浜松町の事務所で気勢をあげるのを、私は身が引き締まる思いで聞いた。

野村とともに現地入りすることになった「石川重弘君を救う会」のメンバーは、フォーカス記者の土場喜徳、フジテレビディレクターの米沢信介、それに私であった。

野村と土場がひと足先にフィリピン入りし、私とフジテレビディレクターの米沢並びにそのスタッフが、成田空港からマニラへと飛び立ったのは3月14日のことだった。

マニラ空港に降り立った私と米沢を、空港ロビーで、

「マニラにようこそ」

とにこやかに出迎えてくれたのが野村で、隣りには土場の顔もあった。

「いよいよですね」

私の言葉に、野村は黙って頷き、手を差し出してくる。いつもながら野村の握手は、飛びあがりたくなるほど痛い。

そこへ黒澤も姿を現した。黒澤はまさにフィリピンと日本を行ったり来たりの状態であった。この日は、成田から私たちとは別の便で、ほぼ同時刻にマニラに到着したのだった。

こうして救出ドラマの主役が揃い、その決定的瞬間を報じるべき使命感に燃えたマスコミメンバーも集結し、私たちは迫り来るドラマの大団円、その救出の成功を確信して疑わなかった。

ところが、ここに、とんだ〝サプライズ〟が起きた。私たちの屯《たむろ》するロビーに、なんと、あの国際浪人氏Wが現れたのである。成田から黒澤と同じ日航機に乗りあわせてきたというのだから、悪い冗談のような偶然であった。

今度の救出劇では終始、笑えぬピエロ役、三文役者ぶりを発揮、1度ならず黒澤・野村たちの邪魔をし、ドラマをぶち壊しかけた男だった。

私たち一群に気づかず、通り過ぎて行こうとするWを目ざとく見つけた野村が、

「おい、W！」

大声を発して呼び止めた。

振り返った国際浪人氏、野村と知って、一瞬ギョッとなった。まわりにいる私たちの姿も目に

捕らえたはずだが、怯むどころか、傲然と睨み返してきたから、たいしたタマだった。

連れが石原慎太郎夫人とその息子、さらにはボディガードもついていればこその精一杯の虚勢であったろう。

先日の野村事務所での縮みあがった姿を知っている者からすれば、その変わり様は噴飯物だった。

この時期、Wがオレの天下がやってきたといわんばかりにハシャいでいたのは、マルコス王朝が滅んでアキノ政権の誕生を見たからに違いなかった。ニイノ・アキノに取り入って、その暗殺現場に立ち会った男として、マニラで英雄視され、日本でもマスコミの寵児となっていたのだ。

野村は手招きしてWを呼び、

「おい、いったいどういう了見なんだ?! この前、オレの事務所で、一切動かないって約束したのを、おまえは何やってるんだ? テレビ局に売りこんだり、ゴチャゴチャと動いてるのはどういうつもりだ!」

と詰め寄った。実際Wは、フィリピン情勢の変遷に「オレの出番」とばかりに、日本のテレビ局に、

「コリーに単独会見させる。そのとき、石川さんも出してやるから、ホロ島まで一緒に来れば放映させてやる」

と吹きまくっているという話は、我々にも伝わっていた。フィリピン革命の最中には、フジテレビに、

「野村秋介や黒澤明がやってる救出運動はデタラメだ。オレが石川君を救出するから、ホロ島での釈放時にはその現場を撮らせてやる」

と売りこんでいることまで、野村の耳には入ってきていた。

「僕はそんなことは一切してませんよ」

国際浪人氏はシレッと応えた。

「してるじゃないか、現実に」

野村の追及に、Wの言い草が振るっていた。

「いや、僕は忙しくて、それどころじゃないんです。これからもマラカニアン宮殿に入って、アキノ政権の閣僚人事のために奔走しなきゃならないんです」

これには野村だけでなく、私たち一同も唖然としてしまった。言うに事欠いてアキノ政権の閣僚人事とぶちあげるのだから、そこまで吹けば天晴れというしかなかった。

すっかりアキノ政権の参謀気どりでいる御仁に畏れ入っていると、Wはこう続けた。

「たかが石川さん1人のことに関わりあっている暇なんかありませんよ」

聞き捨てならぬ暴言に、野村は怒り心頭に発した。

「何ィ！　たかが石川さん1人——だと?!　このヤロー、仮にもおまえは文章を書く人間だろ。もう1度言ってみろ！」

「——いや、失言でした」

さすがにWも慌てて訂正し、傲岸な態度を改めた。野村の見幕に恐れをなしたのであろう。

野村はこみあげる怒りをグッと堪えた。

「もういい。オレはおまえのようにフィリピン政権を動かすこともできなければ、マニラの売春婦1人だって救うことはできないよ。それでもなんとかゲリラに捕まった1人の日本人青年を助けたいんだ。それがオレにできる精一杯のことなんだ。よく覚えとけ」

もう行けよ――と、野村に促されたのを機に、W一行はそそくさとその場を離れて行った。

このちょっとした騒動を、終始冷静に見ていたのが、黒澤だった。

〈要するに、良くも悪しくも、これが野村秋介なんだな。大事の前の小事とわかっていても、つい黙っちゃいられない性分……〉

と思いつつ。

黒澤が皆の前で初めて口を開いた。

「いや、実はあの男とは飛行機も一緒だったが、座席もすぐ近くだったんだよ。向こうもすぐに私と気づいたようだけど、ヤツは飛行機の中でも、これ見よがしに、こっちに聞こえよがしに、取り巻き連中に、コリーがどうの、マラカニアン宮殿がどうのと大はしゃぎしていたな。つくづくバカな男だと思ったよ。私はもちろん知らんぷりして相手にしなかった。気が小さいもんでね（笑）。そこが野村先生と違うところだな」

私たちも納得せざるを得なかった。なるほど、2人は鞍馬天狗と丹下左膳――最強のタッグを組める相手なんだな、と。

いずれにせよ、1年2カ月にわたる闘いに決着がつく日――明日が勝負であった。

3

ホロ島へ行くには、マニラから南に1400キロのミンダナオ島ザンボアンガまで、ジェット機で約1時間半飛び、そこからさらに小型プロペラ機で約30分南下して入るのが最短距離だった。3月15日、夜もまだ明けやらぬ午前3時50分、黒澤明と野村秋介はマニラ国内空港からザンボアンガへ向けて飛び立った。

同行したマスコミ人はフォーカス記者の土場喜徳1人だった。

私とフジテレビディレクター米沢信介がマニラで待機組となったのは、黒澤が、

「テレビが入るのはちょっと厳しいかなあ。カメラや機材を運ぶとなると人数も要るし、ライトを照らしたりすると、ゲリラも警戒して出てこない可能性もある」

と危惧したからだった。

その点、土場は1人で記者兼カメラマンをこなし、人相風体も私などと違って日本人離れしており、口の悪い野村に言わせれば、

「土場ちゃんはホロ島へ入っても現地の人間とさほど見分けがつかんかも知れんなあ」

となって、フォーカスの土場だけが同行と決まったのだった。

野村はこの日の取り引きのため、ホロ島という奥地の不便さと不測の事態に備え、旧知の新自由クラブ幹事長の山口敏夫に、

「フィリピン国軍のヘリコプターを出して貰えませんか。日本人青年を助けるためですよ」

と頼みこんでいた。山口代議士はマルコス政権とも近く、アキノ政権のエンリレ国防相とも親しい間柄であることを、野村は知っていたからだった。

「政界の牛若丸」こと山口敏夫は、友人の野村の頼みとあってこれを快諾し、

「わかりました。エンリレ国防相に交渉しますから任せてください。私もマニラに飛んで、石川君を救出するまでの間、当地で張りついてますよ」

と申し出てくれていた。

だが、それに対しても、黒澤は、

「いや、それはまずいな。ヘリコプターを使うとなると、ゲリラは政府軍の出動と認識して、取り引きを止めてしまう」

と反対し、ヘリコプターの使用を取りやめたという経緯があった。

ヒロ山口とキラム三世一族は1日前にホロ島入りし、下準備に入っていた。

マニラ待機組の私と米沢が、マニラ国内空港から飛び立つ黒澤たちを見送った。

黒澤はカムフラージュのためか、釣り人のようなスタイルで、魚を入れる保冷ボックスを肩に担いでいた。彼には、ホロ島漁民に漁業組合を作らせ、年間200トンのイカの買い付けを約束した貿易商としての顔もあった。

「行ってらっしゃい。朗報を待っています」

「石川君は必ず連れて帰るから」

「確信しております」

「じゃあ、行ってくるよ」

見送り人と旅立つ者との間で言葉が交わされたとき、空はまだ真っ暗だった。

一行を乗せた飛行機は轟音を残し、一路、ザンボアンガへと飛び立って行った。

機内の座席に落ち着いた黒澤は、眼を閉じ、静かに瞑想に耽った。

〈もうあれから1年2カ月になるんだなあ……〉

山一抗争勃発に伴う周囲の喧騒から逃れるため、1年間のロサンゼルス移住の計画を立て実行に移そうとした、あの日。その途上で、マニラのヒロ山口のところに立ち寄ったとき、たまたま遭遇したMNLFゲリラによる日本人拉致事件。

その頃の黒澤といえば、胸のなかにポッカリと穴が空《あ》いたような状態で、果たしてロスにしばし移住したところで、その穴が埋められるかどうか甚《はなは》だ心もとなかった。

そんな折に、マニラで知ったMNLFによる同胞の受難。ヒロ山口から話を聴いているうちに、黒澤のなかでムラムラと血が騒ぐのを覚えた。

「よし、助けてやろう！」

とただちに決断したのだった。

そしてヒロ山口を介し、キラム三世とのパイプを通じてゲリラ側と交渉を重ね、紆余曲折を経て、とうとうここまで来た。最後の正念場にさしかかったのだ。

胸のなかにポッカリ空いた穴も、いったいどこへ行ってしまったものやら。この1年2カ月というもの、そんなものを感じる暇さえなかったような気がする。

黒澤の口元に微かな苦笑が浮かんできた。

〈オレは石川君に感謝しなければならんかも知れんなあ……いや、それもこれも、彼を無事に助け出してからのことだ〉

黒澤は改めて気を引き締めた。最後の仕上げをしくじったのでは元も子もない。

窓からは東の空が紅に染まり出したのが見えてくる。

夜明けとともに、飛行機はザンボアンガへと到着した。

黒澤たちが降りるや、すぐに目についたのは、空港内でマシンガンを構え警戒に当たる40～50人の政府軍の姿であった。

異様な雰囲気に、黒澤は嫌な予感が募ってくる。空港で一行を出迎えたラジャムダ・エスマイル・キラム（キラム三世の実弟で皇太子）が、強張った顔で、

「この4日間で、7人の人間がホロ島で銃殺された。ゲリラ側は気が立っている。日本人はホロに入れない」

と告げてきたとき、図らずもその予感が的中したことを知った。

仕方なく一行は、ザンボアンガ市内のランタカホテルにひとまず落ち着くと、次の作戦を練った。

「ともかく、ホロ島へ行ってみよう」

黒澤、野村、土場の3人はホテルから飛行場へと直行、ホロ島へと渡った。

だが、ホロ島の飛行場で待っていたヒロ山口とキラム三世の様子も、只事ではなかった。ヒロ山口が切迫した面持ちで、3人に報告してきたのは、この日の取り引きの中止であった。

「身柄授受は明日に変更されました。ゲリラ側は極度に政府軍の動きを警戒しています。今夜、この島に日本人が入ったことが判明すると、ゲリラは決して石川君を解放しません。どうか私を信じてください。必ずや彼らには約束を守らせますから」

ホロ語もペラペラで現地人になりきっているヒロ山口は、使命感に燃えているようだった。1年2カ月にわたってフィリピンあるいは東京（笹川良一との交渉）で黒澤と行動をともにしてきたのも、彼を兄と慕い敬愛しているからだった。

ゲリラ側が新たに指定してきた取り引き日時は、明日午後5時、場所はホロ島の中心からモーターボートで南へ1時間ほど走ったマリンバヤと呼ばれる地域の海上であった。

そして日本人との直接取り引きを拒否してきた。

「う〜ん」これには黒澤も野村も頭を抱えてしまった。2人ともいの一番に現地に乗りこみたかっただけに、落胆の色は隠せなかった。

「いや、どうにも参ったな。その役目こそオレと野村先生の役目だと自負していたんだが……」

黒澤と野村が顔を見合わせて困惑していた。

「まったくです。僕がゲリラの連中のマシンガンを一手に引き受けて、会長の弾よけになろうと思ってたんですが」

野村が心底残念そうな顔になっている。

ホロ島飛行場の目につかぬところで密議をこらす黒澤、野村、ヒロ山口、キラム三世、土場たちの間を、重苦しい空気が支配していた。

その空気を打ち破るように、ヒロ山口が明るい声で、

「黒澤会長、野村先生、私に任せてください。明日の現場には、僕とサルタンの実弟（ラジャムダ・キラム皇太子）とで行ってきますから」

と言った。

「ヒロ……」黒澤が弟のように可愛がっている男を見つめた。

「なあに、心配いりません。僕らを信用してください。ヤツらだって、サルタンが間に入ってるとわかってて、僕らに手出しするはずがありません。必ず成功させます」

「すまんなあ、ヒロ、オレがやらにゃいかんことを……」

と言いつつ、黒澤は考えこんでいたかと思うと、

「いや、待て。ヒロ、やっぱり君を行かすわけにはいかんよ。ここは私が行く。それがオレの役目なんだから。行けないことはないだろ。なんとかするさ」

断固とした口調で主張しだした。

すると、そこで口を挟んだのが野村だった。

「待ってくださいよ、会長。それこそ僕の役目だ。日本人がダメと言うなら、僕が現地の人間に変装すればいいことです。メーキャップでも何でもやって、上手に化けてみせますよ」

「先生、そりゃムチャというもんです。言葉はどうするんですか？　こっちで通用するのは英語

でもなければ、タガログ語でもない。タウソ語だけなんですから。それを使えるのは私だけです」

ヒロ山口も、すでに性根を据えているようだった。

「う〜ん……」

「黒澤会長、野村先生、ここはひとつ、我慢して戴けませんか。そのほうがおつらいということはよくわかりますが、どうか私に任せてください。そうしないと、石川君を助けることはできません」

ヒロ山口がきっぱりと言った。

「……」

これには黒澤も野村も、返す言葉がなかった。

野村は、フィリピンに来て黒澤から初めてこの男――ヒロ山口を紹介された日のことを思い出していた。

黒澤とともに野村の前に立ったのは、陽に灼けた眼鏡の奥の目がいかにも優しげな、長身の男だった。

彼は、黒澤が野村に、

「今度のことは、彼がいなきゃ始まらなかった。ゲリラとの交渉も何もかも、彼がいればこそできたことでね。ここまで来れたのも、すべては彼が切り開いてくれたおかげです」

と紹介するのを、慌てて、

「滅相もない。会長、何を仰いますか。私はあくまで会長あっての男で、ただの通訳、いわば黒子、私は何もかも会長の指示で動いてきただけです」

と制したうえで、野村に向き直り、

「野村先生、会長からいつもお噂はお聴きしてました。ヒロ山口と申します。石川君の救出のために、先生が助っ人として加わってくれるとなったら、もう勇気百倍ですよ」

と眼を輝かせた。

「あなたがヒロ山口さんですか。初めて会う気がしませんね。よくぞ今まで黒澤会長を支えて頑張ってくださった。1人の同胞のために、生命の危険も顧ずに……できないことだ。頭が下がりますよ」

「とんでもありません。尊敬する野村先生から、そんなお言葉を頂戴するとは！……まるで夢のようです」

ヒロ山口は感激して目に涙まで浮かべていた。

それを見て、野村も胸打たれたようで、

「山口さん、やりましょう。勝負はこれからですよ！」

その手を力強く握り締めると、ヒロ山口も、

「よろしくお願い致します！」

気合いを入れ、両手で握り返してきた。

〈あのときと同じ眼をしてる！〉

野村は思い出していた。

黒澤も、ヒロ山口の眼を見据え、大きく頷く。

「わかった。ヒロ、君の言う通りだ。しょうがない。男にさせてやるよ」

4

黒澤、野村、土場の3人は、やむなくホロ島から折り返しの便でザンボアンガに戻り、ランタカホテルで待機することになった。

ヒロ山口はキラム三世とともにキラム邸へと引きあげ、明日の取り引きに備えた。

その夜、ヒロはマニラで夫の帰りを待つ妻宛に手紙を書いた。今の心境やあれこれ筆を進めているうちに、最後のほうは期せずして遺書のようになっていた。

ヒロはペンを持つ手を止め、

〈あっ、いかん。これじゃ女房のヤツ、ビックリしてしまうかな……まあ、いい。あとで笑い話のタネにされるのもいいだろ……〉

と苦笑したが、いつか妻とともにこの日のことを、

「あんときゃ、オレはホントに死を覚悟したんだぜ」

と笑いあえるときが来るとの確信があればこその遺書であった。

が、当然ながら、万が一のことを覚悟していたのも事実だった。相手は人を殺すことなどなん

とも思っていない、世に名高いＭＮＬＦゲリラなのだ。

〈かといって、ここで逃げるわけにはいかないじゃないか。ここで逃げたら、オレという男も終わってしまう。何よりオレが惚れこんだ黒澤明という男に合わす顔がなくなる。一生、相手にされないだろう……〉

ヒロ山口には、むしろゲリラ以上にその現実のほうが怖かった。

「よし、デレッチョだ！」

ヒロは深夜、キラム三世邸の客間で1人、机に向かい、静かに気合いを入れた。

デレッチョはタガログ語で「真っ直ぐ」を意味し、野村秋介がフィリピンに来て、ひとつ覚えのように覚えた言葉で、何かと言えば、これを口にしていた。終いには野村は、現地の連中から、「ミスター・デレッチョ」と呼ばれるようになっていた。

ヒロ山口も、野村に倣って、

「ここはデレッチョ精神で行くしかない」

と肚を括ったとき、ようやく吹っ切れたような気がしたものだった。

翌日午後3時過ぎ、ヒロ山口とラジャムダ・エスマイル・キラムは、キラム三世の私兵3人を引き連れて、ホロの港から少し外れた海岸へと赴いた。

そこで5人を待っていたのは、パンボートと呼ばれる大きなカヌー型の船で、全長約10メートル、幅1・5メートルほど、両サイドに太い竹で作ったアウトリガーがつけてあった。日本製のディーゼルエンジン付きだった。

彼らはすぐさまそのパンボートに乗りこんだ。

船上にはヒロ山口とラジャムダ・キラムの2人、私兵3人は船底へと潜んだ。船底に用意されていたのは、3挺のマシンガンであった。

3人はさっそくマシンガンを手にとり、実弾の装塡具合いや手触りを確認、準備に余念がなかった。

その様子を冷静に見下しながら、ヒロ山口は、

〈あのマシンガンを使う事態が訪れるようであれば、黒澤会長には悪いが、すべては終わりのとき……〉

と思っていた。

「よし、ほなら、ボチボチ行きまひょか」

ヒロ山口が合図を送ると、キラム弟が片手を挙げて応えた。

「出発！」

モーターエンジンを掛けると、船は唸りをあげて発進し、一路、目的地へと向かった。

その刹那、ヒロ山口は武者震いし、キラム弟の表情も緊張の色は隠せなかった。

およそ1時間の航行ののちに、船はマリンバヤの沖に到着した。約束の午後5時まで、まだ20分ほど時間があった。

マリンバヤの浜辺を見遣《や》っても、人っ子ひとり見当たらなかった。

「——ん、おかしいな。誰もいないぞ」

「心配ない。彼らはジャングルに身を潜めてこっちを見張ってるはず」

キラム弟の言うように、浜辺の奥に鬱蒼としたジャングルが見えた。

ヒロ山口とキラム弟は、モーターエンジンを止め、船を海上にたゆたせながら、5分、10分……と、ただ約束の時間を待った。

カヒール・ジョエルから、
「イシ、次の日曜日には帰れるよ」
と告げられたとき、石川重弘は、今度こそ本当かも知れないと思えたのは、3月10日に届いた黒澤明、山口康裕（ヒロ山口）からの、
《すべて準備は整いました。頑張ってください。私たちは今、ホロの町に居ます。1度マニラに引き返しますが、今度来るときは一緒に帰れます》
との手紙を読んだばかりだったからだ。次の日曜日というのは、6日後、3月16日のことであった。
おまけにカヒールは、ビニールに包んだ日本製の照明弾を手にしていて、そこには、
《上昇高度五百メートル以上。七万カンデラ。赤色。非常の際以外は絶対に使用しないように》
との説明も書かれていたので、石川に、
〈あっ、これは解放の際の合図用じゃないかな……いや、間違いない〉
という確信めいたものも生まれていた。

それまでカヒールからは何度、解放するぞと言われて騙されてきたことか。いつだって口先だけで実行されたためしはなく、捕虜生活丸1年を迎えた1月24日になっても、その気配はさらさらなかった。

さらにそれから2カ月が経とうとしており、ゲリラに対する不信感は募る一方で、自力脱出を本気になって考えていた矢先のことだった。

だが、今度ばかりは様子が違っていた。

黒澤、ヒロ山口からの誰より信ずるに値する手紙、加えてカヒールが携えていた日本製照明弾……。

そして3月13日早朝、石川はカヒールから出発を伝えられた。別の集落への移動であった。

その夜、カヒールから、生存証明のためのテープを吹きこむよう命じられた石川は、母への遺言のつもりで、こう喋った。

「私はここで死ぬかも知れません。ただ、日本人でここで死ぬのは私ひとりではありません。この地ではかつて日本兵の方が大勢戦死し、また餓死したといいます。この島の土に帰る日本人は私一人ではありません。そして、もしそんなことになっても、魂だけは『かあちゃん』の元に帰ります」（「週刊文春」昭和61年4月10日号）

なおかつ、それまで撮影した約80本のフィルムもすべて没収されたとき、石川も、

〈いよいよ救出か、それとも死か、どっちにしろ、決着のとき、最後のチャンスだな……〉

と観念した。期待と不安が交々、胸を去来した。

〈それにしたって、オレはなぜここにいるんだろ？　どうしてホロ島だったんだろ？……〉

石川は改めて過ぎ去った日々を回顧していた。

石川が初めてホロ島に渡ったのは、昭和49年夏、まだ22歳のときだった。宮崎の高校を卒業後、東京の私大に入学したものの間もなく中退し、アルバイトや海外への貧乏旅行など、気ままな青春を送っていた頃だ。

たまたまマニラ市内のユースホステルに泊まっていたとき、仲良くなったフィリピン学生から、

「ホロ島やその周辺の小さな島は、別名〝亀諸島〟と呼ばれるほど海亀が多い。浜辺には亀の甲羅がゴロゴロ転がっている」

との話を聞いたのだ。これに色めきたったのが、石川と宿仲間の日本の若者たちで、

「そりゃ、ベッコウだらけっちゅうこっちゃ。宝の山やないかい」

一獲千金を夢見た彼らは金を出しあい、そのリサーチを託したのが、一番若い石川だった。

物欲こそなかったが、好奇心旺盛な冒険野郎にすれば、願ってもない話で、石川は喜んでこれを引き受けた。さっそくミンダナオ島ザンボアンガに飛んだものの、目的の物は見つからなかった。

そこで翌日、旧式のDC3型機で向かった先が、石川にとって運命の地となる、ホロ島であったのだ。

ホロ空港に着き、タラップを降りてホロの町に入るや、石川の眼に飛びこんできたのは、いまだお目にかかったことのない異様な光景だった。

戦車や多数の兵隊たち、町の至るところに設置された軍のチェックポイント、爆撃で破壊された建物……。コンクリート造りの大きなキリスト教会の屋根がスッポリ抜け落ち、隣りの家の壁も崩れ落ちていた。

フィリピン政府軍によって爆撃された跡で、MNLFゲリラとの間で激しい攻防戦が繰り広げられたことを物語っていた。戦争を知らない戦後生まれの石川が初めて目のあたりにする生々しい戦場の跡であった。

MNLFの存在を知ったのも、このときが初めてだった。同じ民族、同じ国民が互いに相争い、血を流しあうというのも、これ以上悲惨な話はなかった。

石川にはことのほかショックは大きく、このときの光景は後々まで脳裡に焼きついて忘れられなかった。

もはや亀の甲羅どころではなく、そんな話はどこかに吹っ飛んでしまっていた。

それから10年の歳月が流れ、石川はアルバイトで金を貯めては海外へ写真撮影に行くという、決まったパターンの生活を送るようになっていた。フリーカメラマンとはいっても、それだけで生計を立てているとは到底言い難かった。

むろんロバート・キャパのようなフォトグラファーになりたいという灼きつくような夢があってのことだった。そしてその夢を石川に与えてくれた場所こそ、このホロ島であったのだ。

だが、年齢もいつのまにか32歳、振り返ってみれば、何もせずに生きてきたような気がしてならなかった。このままでは仕方ない、いっそ写真の夢を断ち切るため、今日までの人生の区切りのためにも、自費出版でもいいから自分の本を出そう――と考えたのが、始まりだった。

それなら夢のきっかけとなったホロ島のゲリラの写真集を出すのが、夢のけじめに相応しいではないか――と石川は決断。資金を作り、資料等の下調べや現地の下見を経て、昭和60年1月15日、フィリピンに再入国、マニラで8日間を過ごしたのちにホロ島へ入り、翌24日、ゲリラと連絡を取り、潜入の許可を得たのだった。

同日午後、石川が2人のガイドとともにゲリラが拠点とするジャングルへ入れたのも、コマンダー・カヒール・ジョエルの案内があってのことである。

だが、その夜、2人のガイドは処刑され、最初は〝訪問者〟であったはずの石川もまた、時間の経過とともに身柄を拘束され、身分は軟禁状態から幽閉となり、終いには身代金を要求される人質へと変わっていったのだった。

5

3月16日、カヒールはなぜか朝から機嫌が良かった。

「イシ、水でも浴びるか」

その口調は、石川が気持ち悪く思うほど優しかった。

水浴びから帰っても、カヒールはまだ御機嫌で、

「この前、日曜日に帰れると言ったな」

と言う。

「うん、そうだった。今日じゃないか」

「うまくすれば、夕方には帰れるぞ」

「本当か」

「ああ、イシ、準備しとけ。靴を履いとけよ」

カヒールの顔をみているうちに、石川は今度こそ信じていいような気がしてきた。

カヒール以下10人ほどのゲリラの一行とともに、石川が集落を出発したのは、午前10時を過ぎていた。

一行が海のほうに向かって降りて行っているのは間違いなく、途中、いくつかの村に寄った。そのたびにゲリラの数も増えて、いつのまにか50人ほどに膨れあがっていた。全員が銃器を持参していた。

途中で石川は、カヒールから厚ぼったい生地の帽子を被せられ、

「人が来たら顔を隠すんだ」

と命じられた。

2時間ぐらい歩いたとき、下のほうから突如、「パーン、パーン、パーン」と3発の銃声が聞こえてきた。

すると、ゲリラの1人が心得たように、空に向けて3発撃ち返した。

「大丈夫だ。今日、間違いなく帰れるぞ」

ソッと石川に囁いたのは、顔見知りのゲリラだった。

一行はゆっくりと山を下って行く。海岸線が見えてきたところで、今度は自分たちのほうから2発の銃弾を撃った。それに応えて同じように2発の銃声が聞こえてくる。

ようやくマリンバヤ地区の目的の海岸に着くと、ゲリラの一行はすぐさまそれぞれが浜辺の大きな岩陰や藪のなかに身を隠した。何人かが岩の上に立ったのは、取り引き相手の船が、果たして約束の時間通りやってくるかどうか、見張るためだった。

その船こそ、石川を解放へと導く救いの神となるはずであった。

フィリピンの空は晴れわたり、海は限りなく蒼かった。その陽に白く映えて、マリンバヤの白砂の浜辺もこよなく美しかった。

そんなのどかな光景を打ち破るように、

「船だ！　来たぞ！」

見張りの声があがり、ゲリラたちは一様に色めきたった。

「まだだ！」カヒールが部下たちに指示を出す。船が浜辺に近づくまで待てというサインだった。

ヒロ山口、ラジャムダ・キラム、3人の私兵を乗せたパンボートは、どんどん近づいてくる。

石川は岩陰から見ていて、居ても立ってもいられなかった。自分を救出に来てくれた、おそらく日本人もいるであろう船に向かって、

〈ダメだ！　危ない！　来ちゃダメだぁっ！　来るなぁっ！〉

と、胸の内で何度も叫ばずにはいられなかった。藪に隠れたゲリラたちが、船に向かって一斉

にマシンガンを構えるのが見えたからだった。

しかもマシンガンを持っているのは、彼らだけではなかった。およそ50人のゲリラ全員がM16型、AK型機関銃を手にしているのだ。その銃口が、カヒールの命令一下、いつ火を噴くともわからなかった。

石川から見ても、カヒールはだいたいにして気分屋、ときには仲間内からさえ、首を傾げられる行動を起こす男だった。騙し討ちだって充分あり得る話だ。そのうえ、今日は赤い鉢巻きを締め、ひときわ気合いも入っている。

浜辺の端の岩陰に押しこめられ、銃口を突きつけられた石川は、船に向かって叫びたくても叫べなかったのだ。

その船は、浜辺から30~40メートル離れた沖で停止し、エンジンも止まった。

ゲリラたちには充分な射程距離であった。それでも彼らはすぐには動かなかった。待つことしばし。10分ほど経ったとき、ようやくカヒールが、

「よし、行くぞ！」

と命じ、およそ30人の部下たちが浜辺に散った。残りの20人ほどは藪に潜んだままだった。いずれの手にもマシンガン。

「おっ。出てきたぞ」

船上のヒロ山口とラジャムダ・キラムが、同時に声を発した。

約束の時間より20分前に現場に到着し、船のエンジンを切って待っていた2人の前に、ゲリラたちはようやく姿を現したのだ。

「おや、随分おるなあ」

呑気そうに言っても、さすがにヒロ山口、キラム弟の緊張は隠せない。

「よし、じゃあ、行ってくるよ」

2人がかりで小さなカヌーを船から下ろして、乗りこんだのはキラム弟だった。

石川が船に乗るまでの間、彼が身代わり役をつとめる約束を、カヒールとの間で交わしていたのだ。

「頼みますよ、皇太子」

ヒロ山口が、その背に声をかけた。

「任せて」キラム弟が応え、浜辺に向けてカヌーを漕いで行く。

その先の浜を見遣《や》りながら、ヒロ山口は、

〈こんなに近い距離なら、マシンガンで撃たれたら一発で終いだな……〉

改めて恐怖感が湧いてくる。

キラム弟のカヌーは、間もなくしてゲリラの待つマリンバヤの浜辺に着いた。

ゲリラに促され、石川が岩陰から出てきたのは、それより少し前だった。解放するから迎えに来た船に乗れと言う。

〈本当だろうか……〉

半信半疑のままに、石川は砂浜を一歩一歩確かめるようにカヌーまで歩いた。

キラム弟と入れ替わるようにして、石川はカヌーに乗りこんだ。

漕ぎ手のゲリラが笑みを見せて、ゆっくりと櫂を動かし始めた。

〈本当にオレはこれで帰れるのか……〉

石川はまだ夢を見ているようだった。

浜辺からすぐにUターンしてくるカヌーを見て、ヒロ山口は期待感とともに、ジリジリした思いで気が気でなかった。

カヌーに乗っているTシャツ、Gパン姿の若者は、紛れもなく写真で見た石川重弘に相違なかった。カヌーはゆっくりと確実に近づいて来るのだが、山口には、

〈あれっ、こんなに距離があったか？……〉

と、最前までとは真逆の感覚を抱いてしまうほど、距離が長く感じられた。

ようやくカヌーが到着し、

「石川さん、僕が山口です」

と呼びかけると、石川もやっと解放された実感が湧いたのか、初めて笑顔を見せた。初対面とはいえ、手紙を何度か遣りとりした間柄、互いに初めてという感じがしなかった。

船に上がった石川が、山口から差し出された手を力強く握り返し、

「ありがとうございます。これでお母ちゃんに会えます」

と言うと、涙が頬をポロポロ伝い出した。

「……」山口も貰い泣きし、言葉が出てこなかった。

「……信じられません。私のような風来坊、見ず知らずの他人のために、こうして命を賭けて助けてくださる方がいるなんて……反対の立場だったら、自分には絶対できません」

石川が言うのに、山口は照れた。

「そんなんじゃないですよ、石川さん。目の前に困っている同胞がいたら、助けるのは当たり前でしょ。私は、自分が慕う黒澤明という男の流儀に従っただけですから」

やがて、石川の身代りで一時的にゲリラの人質となったラジャムダ・キラムも、白らカヌーを漕いで船に戻ってきた。

船底に潜んでいたキラム三世の私兵3人も、浜辺のゲリラたちを油断なく窺いながら、マシンガンを構えている。

「さあ、石川さん、帰りましょ」

山口が言ったのを合図に、船はそろそろと走り出した。

突如、エンジン全開、フルスピードになったのは、浜辺から100メートルほど離れた頃だった。凄まじいエンジン音を立てて、パンボートはホロ市へ向かって行く。ゲリラたちの姿も見る間に遠くなる。

波しぶきでズブ濡れになったのも気づかず、石川は虚脱状態で、遠ざかるゲリラたち、彼らと一緒に過ごした山の彼方をいつまでも眺め遣っていた。

6

石川はその夜、ホロ市のキラム三世邸に泊まり、黒澤、野村の待つザンボアンガに渡ったのは、翌17日のことである。

キラム三世、ラジャムダ・キラム、ヒロ山口が同行し、ホロ市郊外の飛行場から朝一番機で飛んだのだ。

石川のために偽の身分証が用意され、そこにはロベルト・タンという中国名があった。オレンジ色の帽子を被り、サングラスを掛けて変装したのは、カヒール部隊ではない他のゲリラの襲撃を警戒してのことだった。

YS11型機がザンボアンガ空港に到着し、タラップを降りた石川を、真っ先に迎えて抱きかかえるようにして、

「よかったな！　石川君！」

と声をかけてきたのが、野村秋介だった。彼だけは飛行機のすぐ傍まで来ていたのだ。

石川が飛行機を降りたときからパチパチ写真を撮っていたのが、フォーカス誌記者の土場喜徳だった。

そして空港の建物入り口で待っていたのは1年2カ月にわたる救出劇の主役ともいえる黒澤明であった。

が、石川にはいずれも初対面、一睡もできなかった昨夜からの興奮が続いていることもあって、誰が誰やらさっぱりわからなかった。

黒澤は両手で石川の手を握り、

「よかった、よかった！」

陽に灼けた端正な顔を綻ばせた。

この黒澤を始め、野村、ヒロ山口、キラム三世、ラジャムダ・キラム、土場という石川救出に奔走した男たちがランタカホテルに集合し、部屋に勢揃いしたとき、石川が改めて、

「皆様、ありがとう……本当にありがとうございました……」

礼を言おうとしたが、嗚咽となってあとの言葉が出てこなかった。涙がとめどなくその頬を伝っていく。

それを見て、野村が早くも大粒の涙を溢れさせ、

「良かったなあ！」

と石川に抱きついた。

「泣き虫、秋介……」

とからかう黒澤も、言うそばから眼を赤くしている。黒澤が野村とともに泣いたのは、このときが初めてではなかった。

前年の秋、日本の一部週刊誌に石川の死亡説が流れたため、野村ら日本の「救う会」では、彼の生存を証明する必要が生じ、黒澤を介してゲリラ側に手紙を出したことがあった。

石川からの返事が毛髪とともに届いたとき、最初にそれを読んだ黒澤が、

「いやあ、先生、日本もまだ捨てたもんじゃないねえ。まだいたんだなあ、こんな気骨ある若者が……まあ、これ、読んでみてください」

と言って眼に涙を滲ませ、野村に石川の手紙を差し出した。マニラのマビニ通りの黒澤の事務所である。

野村は石川の毛髪を手にしたときから、涙腺が怪しくなっていたが、

《現在の私の居る場所は海岸沿いの村……》

と始まる手紙を読み進めているうちに、

《……私自身は今の生活に我慢出来ますし、自力脱出も不可能ではないと思っています。……最終的には自分で蒔いた種は自分で刈り取るのが本筋かと思います……》

最後はとうとう堪えきれず、涙を押さえられなかった。

人間、こんな極限状態に置かれたら、恥も外聞もなく、助けてくれというのが普通であろう。それをこの若者は、命乞いするどころか、自力脱出するから、ゲリラの身代金要求には応じないでくれ――と言っているのだ。

「まったくですねえ。なんとも見あげた根性、いまどき珍しいほど骨があって、いい心根の青年ですね。こりゃ会長、何が何でも助けなきゃならんですね」

「ええ、なおさら意地でもやってやろうという気になるね。胸に火がついたですよ。……けど、先生、あんたも聞きしに優る涙もろい人だなあ。泣き虫だよ」

黒澤が野村をからかったのは、自分も泣いたものだから、その照れ隠しだった。

今また同じ場面が展開されていた。野村が涙を溢れさせ、黒澤も泣いた。

ただ違うのは、今度は現実に石川を助けだしホロ島から脱出させて、その当人を目の前にしているということだった。今度の涙は、心が洗われるような感動、嬉し涙、やったぞという達成感めいた交々がまじりあっていた。

とりわけ石川という若者の純粋無垢な心根には、皆が胸を打たれた。

「もうお母《かあ》ちゃんには会えないものとばかり思ってました。――私は35になろうというのに、いまだに母のことをおカアちゃんと呼ぶんです。そのおカアちゃんに会いたいという一心が、捕虜の私を支えていました」

という石川の純朴なまでの心の吐露に、黒澤はつくづく、救われたのはむしろオレのほうじゃないかと思えるほど、深い感動を味わっていた。よかった、この若者を助けて本当によかった――と、心の底から思えたのだった。

だが、1年2カ月にわたった救出ドラマはこれでめでたく解決し、幕が下りたわけではなかった。マニラに帰って大団円を迎えるまで、もうひとつの山を越えなければならなかった。

ザンボアンガからマニラ行きの飛行機は、1日2便しか出ておらず、もうこの日は最終の夜7時45分発の便しかなかった。

そこでフライトまでの間、銘々がホテルで休憩をとることにした。

黒澤もランタカホテルで過ごす3日目、さすがに一昨日は一睡もできず、昨日は昨日で、ホロ

島のヒロ山口から、夕方、

「取り引きは成功しました。石川君を始め、全員無事です」

という待ちに待った一報が入り、ホッとしたものの、やはり気が高ぶっていたのか、あまり寝た気がしなかった。

そして今また、ほぼ9割方救出は成功といっていいはずなのに、残りの1割のところで不安があった。なぜか嫌な予感がしてならないのだ。

これも長い間いた世界の習性かな――と、黒澤は部屋で1人、自嘲気味の苦笑を漏らした。

だが、間もなくその予感は的中し、今度は政府軍のコーネル中佐の一行4～5人がマシンガンを抱えてやってきた。石川の事情聴取という名目だった。

石川が別室に連れて行かれて始まった事情聴取は意外に長びいて、マニラ行き最終便の時間が間もなく迫ってきていた。

ようやく石川はコーネル中佐とともに皆のいる部屋に戻ってきたが、中佐は石川の引きとりを要求、話はおかしな方向になってきた。

「石川君はあなたがたとは別個に軍のヘリコプターで運ぶ」

と言うのだ。

「いや、渡すわけにはいかないな」

と黒澤は眦《まなじり》を決して応えた。

ヘリで運ぶといっても、革命が起きたばかりのフィリピンという状況下、軍の指揮系統もはっきりしていないとき、石川がどこに連れていかれるかわかったものではなかった。

「先生、悪いねえ。最後に来て、こんなことになって……オレはもっときっちりやるつもりで全部計画を立ててきたんだけど、こればかりはどうにもならんね」

「会長、何言ってんですか。泥舟に2人で乗ったんだからしょうがないでしょ。泥舟で沈むんならしょうがないし、うまく乗りきれりゃ乗りきれたでそれもいいし、どっちにしたって一蓮托生という言葉があるじゃないですか」

誰より無念な黒澤の思いを知る野村が応えた。

事ここに至って、黒澤も野村も今日のマニラ行き飛行機には乗れないものと肚を括った。

「石川君」野村が石川に声をかけ、

「どうやら最後の最後で、変な雲行きになってきた。君にも肚を据えて貰わなきゃならんことになりそうだ。ただし、君だけを死なせやしない。オレも一緒に死ぬから」

と言うと、石川は言下に、

「ええ、ここまでやって戴いただけで私は本望です。お任せします」

ときっぱり応えた。一点の曇りのない顔だった。

その返事に、黒澤と野村が顔を見合わせ、黙って頷いた。あうんの呼吸だった。

「なぜ石川君が君たちのヘリに乗らなきゃいかんのか？　オレたちが連れて帰っても同じじゃないか」

コーネル中佐に訊ねたのは、野村だった。

「いや、石川はいくつかのグループに狙われていて危険な状況だ。ＣＩＡのグループ、あるいはカヒール・ジョエルの部隊とは別のゲリラのセクトが、石川を勝手に解放したとして腹を立て、再び拉致し殺害しようとしているとの情報も入っている。我々が石川を保護し、ヘリでキャンプに運ぶのが一番いい方法なんだ」

「何を言ってるんだ！　ここまで来て、石川君をどっかに持っていかれて堪るか！」

ここに至って、野村の怒りは爆発した。石川を背に庇うように大きく両手を広げて、

「上等だ！　やれるもんならやってみろ！　オレたちは日本人だ。マルコスと違って逃げも隠れもしないんだ。殺すヤツがいたら殺してみろ！」

と吼えた。さっきまでは片ことの英語やタガログ語交じりの遣りとりだったが、もう純然たる日本語の啖呵になっていた。

「さあ、撃て！　撃つなら撃ってみろ！」

とマシンガンを持つ中佐に迫った。

これには中佐も、目を白黒させ、すっかり度肝を抜かれてしまったようだった。何せサムライ、ハラキリのジャポンなのだ。

「ジャスト・モーメント」

中佐は席を外し、別室へと移った。本部と連絡をとって協議を行ったのかどうか、間もなくして戻ってきた。

「わかった。オーケーだ」

「えっ?」

「石川を連れて帰ってくれ。マニラまでは私が君たちを護衛する」

それは願ってもない話だった。黒澤たちは胸を撫でおろした。

かくて救出ドラマは最後の壁を突破し、いよいよマニラでの大団円を迎えようとしていた。

7

3月18日午前11時、マニラ国内空港――。

マニラはジリジリと暑く、抜けるような青空がどこまでも拡がって、太陽は私たちのほぼ真上にさしかかっていた。

私とフジテレビディレクターの米沢信介、それに前日マニラに戻ってきた土場を加えた「救う会」のメンバーは、石川を始め、黒澤、野村たちを乗せた飛行機を、今や遅しと待ち構えていた。

私と米沢は、15日にマニラで黒澤、野村を見送って以来、ちょうど丸3日、待ちぼうけを食わされた格好になっただけに、なおさら待ちに待ったという感が強かった。

空港に集《つど》ったマスコミ陣は、私たちだけではなく、日本のテレビクルーや新聞、雑誌、外国通信社の記者、カメラマン等々、50人以上にもなっていた。

すでに日本船舶振興会会長笹川良一の代理として同会副会長の笹川陽平、さらに新自由クラブ幹事長である代議士の山口敏夫が、日本からマニラ入りしており、救出した石川を迎える準備もできていた。

「おっ、来たぞ」

東南東の空を見遣っていた報道陣の誰かから、声があがった。

皆が一斉にその方角を見上げると、キラッと光を反射して、紛れもなく機影が目に飛びこんでくる。「おおっ」というどよめき。

待ち望んで久しかったものだけに、私の胸も期待に膨らみ、ときめいた。

飛行機は轟音とともに降下態勢に入り、あっという間に空港に降りてきた。

着陸したのは、午前11時20分。黒澤、野村、ヒロ山口が姿を現し、写真で知る石川重弘が元気にタラップを降りてくる。

報道陣が一斉に石川に群がるなか、私は飛びきりの笑顔を見せる野村と、文字通り、身も心もシビれるような握手を交わした（実際、野村の握手は痛くて堪らないのだった）。

「山ちゃん、やったぞ！」

それは小学生が運動会で一等賞を獲ったような、眼をキラキラさせて、まるで邪気のないと言ったら甚《はなは》だ不遜になるけれど、そんな笑顔であった。終生、少年の心を失わなかったのが、野村秋介という男だった。

野村とは対照的に、黒澤はあくまでもクールであった。自分のまわりで突如起きたマスコミの騒動を尻目に、真の主役である男は、あたかも飛行機の一般乗客のような風情で、何事もなく歩いてくるのだ。

それでも表情は、やはり爽やかさに充ちていた。

〈なんて粋な、カッコいい男なんだろう！〉

私の思いはそれに尽きた。

3日ぶりに会うその姿が、やけに眩しくてならず、私はどぎまぎしながら黒澤に近づいて行ったものだ。

「長い間、本当にお疲れさまでした」

万感の思いをこめて挨拶しても、黒澤は静かに頷き、微笑むだけだった。

マニラホテルにおいて石川の記者会見が行われたのは、それから間もなくのことである。

マニラホテルに入る前、黒澤、野村の一行はエンリレ国防相に救出の報告をするため、国防省を訪れた。私や米沢、土場の「救う会」メンバーも同席したが、ここでもひと騒動起きてしまう。

石川に事情聴取しようと国防省で待ち構えていた日本大使館員の態度がお役人根性丸出しで、またまた野村の逆鱗に触れたからだった。

石川に放った彼らの第一声が、

「パスポートを持ってますか？」

というもので、終始、木で鼻を括ったような対応、不法滞在者扱いで、終いには、

「身柄を拘束します」

とまで言い出したのだった。

これには野村が、昨日に続いてキレてしまう。

「おまえら、それでも日本人か！　他にもっと言いようがあるだろう。石川君、大変だったなとか、健康のほうは大丈夫なのかとか、人間らしい言葉を言えないのか?!」

と怒りを爆発させ、

「だいたいおまえらは石川君救出のために何もやってないじゃないか。おまえらに石川君は絶対に渡さん！」

と、まるで前日のザンボアンガ・ランタカホテルの再現となった。

そんな一幕もあったものの、気をとり直して私たち一行は石川とともにマニラホテルへと直行した。

同ホテルゲストルームは、日本船舶振興会会長笹川良一の代理で現地入りした同会副会長笹川陽平によって石川の記者会見場がセットされ、すでに世界中のジャーナリストが集まっていた。

石川が関係者に雛壇へと案内され、中央の席へと腰をおろした。石川を中心に、笹川陽平、山口敏夫を始め、お偉方の関係者がズラッと雛壇に並んだ。

仕切り役の関係者から、黒澤と野村も、

「どうぞ、先生方もお席に着いてください」

と声がかかったが、2人は、

「いえ、私たちは先生と呼ばれるような人間じゃありませんから」

と固辞し、会場の後方、記者席よりずっと後ろのほうに引っ込んだ。

記者会見が始まり、テレビライトを向けられた石川が、

「黒澤、野村、笹川会長に、新しい命をいただきました」

と第一声を放つのを、会場の後方から、黒澤、野村が並んで静かに見つめていた。

まばゆいばかりに煌々と輝くテレビライトやカメラのフラッシュに照らし出された正面の主役席と違って、そこは薄暗い片隅で、2人のまわりには明かりもなく、誰もいなかった。

だが、私から見たら、これほどカッコいい姿もなかった。リングで死力を尽くして戦い終えたボクサーが、自分のコーナーに戻った姿――とでも言おうか。私には、まさにそこだけにスポットライトが当たっているようにしか見えなかった。

が、その一方で、2人の表情からは、やっと終えたなという安堵感とともに一抹の寂しさが感じられた。やっと面白い戦いにありつけたというのに終わってしまったな、という戦い終えた寂しさである。

黒澤からは、

〈胸にポッカリあいた空洞をせっかく忘れられたのに、明日からはまた思い出しそうや。この穴、これからどうやって埋めてったらええ……〉

という声が聴こえてくるようだった。

ともあれ、かくて長くて短い黒澤の1年2カ月の救出ドラマは、終わりを告げたのである。

翌日、私は土場とともに、黒澤にお伴してマニラ市内のサウナ施設に行って、裸のつきあいではないけれど、初めて黒澤とゆっくり話をする機会を得た。

3人で裸になってサウナ室へ入ったとき、黒澤が私の躰を見て、

「ほう、いい身体をしてるなあ。山ちゃん、何かスポーツやってるの？」

と言う。黒澤も野村に倣って、私のことを「山ちゃん」と呼んだ。

「はい、学生のときに空手をやってました。今もジムへ行ったり、走ったりしてます。会長もお若い頃は空手をやってたと聞いてますが……」

私の問いに、黒澤は珍しくジョークで応えた。

「私の場合、空手は空手でも、空手形のほうだな……」

黒澤は大阪人なのに、公式のときばかりか、普段の会話も大阪弁ではなく、標準語であったから、不思議に思い聞いてみると、もともと東京・日本橋育ちで、日本発送電勤務の父親の転勤に伴い、戦後間もなくして大阪に移住したという。

現役の時分はインテリヤクザとしてつとに知られ、山口組番記者のなかには、真顔で大阪大学出身という者もあったので、私はこの機会にと思い、直接本人に訊いてみた。

すると、黒澤は微苦笑して、

「いや、そうじゃない。他の大阪の私大中退。阪大を受験しようと考えたことはあったけど、高校3年のときには成績も落ちてたから諦めたんだ」

との答えが返ってきた。ちなみに、高校1年、2年の学業成績は全学で1番であったのが、3年生のときには7番になっていたという（それでも充分凄いと思うのだが）。

それでいて、若いときから空手に励んで有段者、喧嘩も強く、大阪近郊のいくつかの高校の番長の上に君臨する総番長であった。授業中、「電話だ」と教師から告げられ、職員室に赴き電話

をとると、他校の番長からで、

「○校の番長何某と決闘してもよろしいでっか」

と黒澤総番長の許可を得るためのものだったというから、まるで昔の、私らが少年の時分に熱中した本宮ひろ志の漫画『男一匹ガキ大将』のような世界が展開されていたわけだ。

同時に高校3年生のときには生徒会長もつとめていたというから、若い時分から文武両道に秀で、人望もあったのは間違いない。

さて、黒澤と一緒にサウナ室に入ったとき、私の眼に真っ先に飛び込んできたのは、その背に彫られた観音菩薩の刺青であった。

〈えっ?!〉と内心で驚いたのは、彫り物に対してではなかった。

黒澤明という人が、やはり向こうの世界にいた人物であったという事実を否応なく改めて突きつけられるような思いをしたからだった。

すっかり忘れていたこと——というより、初めから、元山口組?! 嘘だろう! 何かの間違いではないのかという感が強かった。

それほどインテリジェンスといい、品格といい、所作といい、どれをとっても黒澤はあちらの世界にいた住人には見えなかった。あまりに似つかわしくなかった。

それを背中の観音様が思い出させてくれたのだった。

〈そうだった。この人こそ、かつては……〉

私は無礼にも裸の黒澤に、

「会長、いつから……」

と訊ねていた。

「――ん？……」

「〝山口組のキッシンジャー〟と呼ばれるようになったんですか？」

「……」

黒澤は一瞬、虚を衝かれたようであった。が、すぐに笑みを浮かべ、

「いつからだったかなあ……」

と、遠くを見るような眼になった……。

第三章

斬り込み隊長として奮戦

山口組のキッシンジャーと呼ばれた男

明友会事件の発端となった「青い城」

1

黒澤明の極道渡世のデビュー、初陣ともなったのは、昭和35年8月、大阪で勃発した、山口組抗争史でも世に名高い「明友会事件」である。

山口組全国進攻の先駆けとなり、山口組が大阪に絶大な地盤を築くきっかけになったことでも知られるこの抗争事件で、弱冠24歳の黒澤は武勲をたてる働きを見せたのだ。

事の発端は、同年8月9日夜のことである。

この夜、三代目山口組組長田岡一雄は、大阪・ミナミのキャバレー「キング」の開店祝いに主賓として招かれていた。「キング」は、舎弟の富士会会長韓禄春がミナミの宗右衛門町にオープンした店だった。

夜中の12時過ぎにお開きとなって、田岡が、

「どや、これからメシでも食いに行くか」

と一行に声をかけたのは、自身の経営する神戸芸能社の人気歌手・田端義夫をねぎらうためだった。

田岡のお声がかりとあって、〝バタやん〟こと田端は「キング」の開店祝いに駆けつけ、ゲスト出演したのである。

田岡は田端を連れ、側近幹部4人――韓禄春の他に、舎弟の中川組組長中川猪三郎（大阪・十

三）、若中の山広組組長山本広（神戸）、秘書役の若中、織田組組長織田譲二（大阪・南）とともにミナミ千年町のサパークラブ「青い城」へ向かった。

一行は2台の車に分乗し、先発は織田の運転で田岡、田端、中川が乗り、後続の車には山本広がハンドルを握り、韓が助手席に座った。

折悪しく、時間帯がクラブやキャバレーの閉店時間と重なって、ミナミ宗右衛門町周辺は混雑を極めていた。織田の運転する車が先に店の前に着いて、後続車はかなり遅れた。

田岡、田端、中川の3人が車から降り、駐車場へ車を運ぶ織田よりひと足先に、彼らは「青い城」に入店した。

店内はほぼ満席であったが、支配人がいち早く一行に気づいて、彼らをステージ最前列の席に案内した。普段は落ち着いた静かな雰囲気のサパークラブも、なぜか、この夜に限って、異様に騒々しくざわめいていた。

田岡一行の席から少し離れたテーブル席で、明らかにそれとわかる6～7人のグループが傍若無人に酒を飲み、大声を発し、大騒ぎしているがためであった。

彼らは昨今、大阪・ミナミに進出著しい新興愚連隊・明友会の幹部である宗福泰、韓建造ら一党で、この日、出所した幹部仲間の放免祝いと称して、3時間ほど前から同店に居座り乱痴気騒ぎを繰り広げていたのだった。

明友会といえば、当時のミナミでは〝恐怖の愚連隊〟として市民の顰蹙《ひんしゅく》を買い、世人を心の底から恐れおののかせる存在となっていた。

ミナミの繁華街を徒党を組んで、わが者顔で横行闊歩する彼らの風体は異様であった。大半の組員が胸にドクロや生首などグロテスクな刺青を入れて、これ見よがしにさらけだし、ダボシャツにステテコ、雪駄履きといったスタイルでのし歩くのだ。そのうえ、放火、略奪、殺傷事件等も頻発させていた。

明友会は昭和28年頃、甲山五郎こと姜昌興を会長に、大阪・東成区の鶴橋駅周辺の国際マーケットを根城とする在日の朝鮮半島出身の若者約60人を主体にして結成され、その後、急速に勢力を伸ばしてきた。昭和32年には大阪・ミナミにも進出、35年当時、その勢力はさらに膨れあがり、〝一千人軍団〟を呼号するに至っていた。

山口組はすでに直系60余人、傘下1万人を擁する大組織にのしあがり、大阪勢にしてもミナミに勢力を置く南道会（藤村唯夫会長）を始め、中川組、富士会、安原会（安原政雄会長）、柳川組（柳川次郎組長）らが各所に拠点を築いて、大阪勢だけで山菱の代紋は２０００人を擁するといわれた。それでも主勢力とはいえず、とりわけ大繁華街ミナミでは、南道会と勢力を二分する形で覇を競う戦後派の南一家を始め、戦前からの老舗組織や新興愚連隊も含めて群雄割拠の様相を呈していた。

その激戦区ミナミに遮二無二進攻してきたのが明友会で、ことあるごとに南道会を挑発、たびたび衝突を繰り返していた。

さて、最前席に腰を下ろした田端義夫の一行を目ざとく見つけた明友会の連中は、舌なめずりせんばかりに近づいてきた。

「よう、バタやんやないか。ワシらのために一曲歌うてんか」

「そうや。ワシら、あんたのファンなんや」

執拗にカラみ始めた。困惑する田端に代わって、中川猪三郎が間に入って、

「田端はんは客で来とるんや。すまんな。今夜は堪えてんか」

穏やかにとりなしたが、相手は聞く耳を持たなかった。それどころか、

「何やと！　コラアッ！　おどれに頼んどるやないわい！　引っこんでろ！」

と激昂し、中川の肩をこづいたから、これには中川も憤然とし、

「おまえら、誰に物を言うとるつもりじゃ。ワシは十三の中川や。ここにいてはるのは、山口組の田岡の親分や」

と、その言葉も終わらぬうちに、彼らはせせら笑い、大声でわめき散らした。

「中川がなんぼのもんじゃい！　山口組?!　田岡がどうしたと言うんや！」

怒声とともに中川に摑みかかり、その顔面を殴打、さらには頭突きまで食らわしたから、小柄な中川は堪らず、もんどりうって倒れた。

まわりの女性客の悲鳴があがり、店内は騒然となった。

田岡はとっさに両手を広げて田端を背にかばい、血に飢えた狼のような連中と対峙した。田岡の頭には、いかに田端を守るかしかなかった。

車を駐車させた織田譲二が入店してきたのは、まさにそんなときであった。

何が起きているのか、瞬時に覚った織田は、血相を変えて乱闘の中へ飛び込んで行った。多勢

に無勢で1人奮闘する中川に加勢し、親分と田端をガードしなければならないという一念だった。

そこへ遅れていた後続車の韓禄春と山本広も到着、彼らもすぐさまこれに参戦、乱闘は一段と派手になった。

だが、間もなくして数台のパトカーがサイレンを鳴り轟かせて「青い城」に集結。駆けつけた警官隊によって明友会メンバーが連行され、騒ぎはようやく収まったのだった。

しかし、どうにも収まらなかったのは、山口組である。

明友会が仕出かしたことは、単なる間違いで済まされる話ではなかった。親分の田岡一雄が公衆の面前で侮辱されたも等しく、それは山口組の名誉を汚し、貶め、その面子を蹂躙して余りある行為であった。山口組に対するあからさまな挑戦であり、決して許されることではなかった。

なかでも、親分・中川猪三郎に直接手をかけられた十三の中川組の怒りは凄まじかった。

避難先のキャバレー「キング」のソファーに横たわる中川の痛々しい姿を目にした中川組幹部の正路正雄（のちの山口組若頭補佐）ら3人は、

「あいつらだけは絶対に許さん！」

と憤怒に身を震わせ、明友会への報復を誓った。

もう1人の事件の当事者、韓禄春率いる富士会もまた、怒り心頭に発していた。

韓のキャバレー「キング」の開店祝いにわざわざ足を運んでくれた本家親分に対する連中の無礼千万な振る舞いは、自分たちの顔に泥を塗られたも同然だった。これを放っておいたのでは、富士会の面子が立たなかった。

中川組、富士会ともに、

「明友会をこのままのさばらしておいては、自分たちの立場がない。本家に対しても顔向けができない」

という点で思いは同じ、まさにヤクザのレーゾン・デートルを賭けて、明友会との全面対決を決断したのだった。

一方、明友会のドン・姜昌興は、〝青い城事件〟の報告を聞くなり、顔色を失い、

「――なんやと！　なんちゅうことを……」

と声を呑んだ。よりによって、山口組三代目にチョッカイを出すバカが明友会《うち》におろうとは……。信じられなかった。ハネッ返りにもホドがあった。

姜は頭を抱えた。いくらなんでも相手が悪過ぎた。なんぼ日の出の勢いにあって、怖い者知らず、命知らず揃いの明友会とはいえ、天下の山口組では、組織力、戦闘力、機動力……何もかも彼我《ひが》の差があり過ぎた。

勝負は端から見えていた。しかも、全面的にこちらに非があるというのだから、始末が悪かった。

姜には抗争の意志など毫《ごう》もなく、なんとかこの事態の収拾を図ることしか頭になかった。

弱り果てた姜は、すぐに動いた。10日午前中、西宮の諏訪組組長諏訪健治に連絡を入れ、仲裁の労を頼み込んだのだ。

諏訪もそれを承諾し、その日のうちに、山口組に三代目との面会を申し入れたが、田岡と会う

ことはままならなかった。

田岡は秘書役の織田譲二を連れて、事件翌日、予定通り伊丹空港から東京へと飛び立ったあとだった。東京で開催される全国港湾荷役振興協会（全港振）の会議に出席するためであった。以後、田岡は3週間、東京に滞在することになる。

田岡の不在を知った諏訪は、大阪の山口組舎弟である三木組組長三木好美と南道会会長藤村唯夫を介して和解を要請、「誠意をもって詫びたい」との明友会の姿勢に、山口組サイドも、一時は前向きに検討すると応えた。

ところが、大阪・十三の中川組事務所で行われた話しあいの場で、明友会の〝誠意〟の中味が、

「姜会長が中川組長に謝罪する」

と諏訪から明かされるや、中川組幹部市川芳正は態度を硬化、

「明友会の連中は本家親分の席で無礼千万を働き、乱暴狼藉の挙句、うちの親分にも手をかけた。それだけの大事を仕出かしておきながら、明友会会長が頭を下げるだけで済むものかどうか。我々は断固として承服できない」

と和解話を一蹴した。

それは同時に、中川組、ひいては山口組の、明友会に対する事実上の宣戦布告といってよかった。

同じ日――8月11日夜、中川組、富士会、安原会、柳川組などの幹部や組員約40人が、ミナミの「山水苑旅館」に集結、ただちに1チーム3～4人ずつ10数組の混成襲撃部隊が編成された。

彼らは「明友会殲滅！」を合言葉に、市内各所に散った。ターゲットは明友会首脳・幹部、マトは大きければ大きいほどよかった。

翌12日早朝、早くも山口組襲撃部隊に、敵の潜伏先の内偵情報が齎《もたら》された。大阪・西成の清見荘アパートに、明友会幹部の1人が潜んでいるという。

すぐさま、中川組幹部正路正雄ら襲撃班が現場に乗り込んだ。

ドアに鍵を掛け部屋に立て籠ったままの相手は、正路の、

「なかにおるんはわかっとる。出てこい！」

という呼びかけにも応じない。

「ちっ！」正路はいらだち、窓ガラスを叩き割るや、銃弾を2発撃ち込んだ。1発が敵の腹部に命中、相手は瀕死の重傷を負ったが、この事件は明友会の戦意を喪失させるに充分であった。

正路班のあとも、清見荘周辺には次々と山口組の応援部隊が駆けつけ、数十人もの兵隊がアパートを取り巻いたのだ。

「山口組は本気だ。ヤツらに狙われたら最後、逃げ場はない」

追いつめられた明友会会長の姜昌興は、ついに南一家のパイプを通じて柳川組組長柳川次郎に、和解の仲介を依頼せざるを得なかった。

2

姜の和解の願いは、柳川次郎から、兄貴分である三代目山口組若頭の地道組組長地道行雄へと伝えられた。

この時期、柳川はまだ山口組直参ではなく、地道組舎弟であった。

山口組の総指揮官として数々の戦勲を物にしてきた地道は、柳川の話を聞くや、

「全面謝罪をしたいというのなら、姜を神戸に連れてこい」

と言下に申し渡した。

その旨は8月16日に柳川から姜に伝えられ、姜もこれを了承、翌17日の神戸行きが決まった。

だが、この姜の神戸謝罪は、直前になって中止となった。明友会の強硬派幹部たちが、

「そんな謝罪は承服できない。全面降伏も一緒やないか。ワシらにも男の意地がある。そんなもん絶対認めない」

と猛反発、ここぞとばかりに会長を突きあげたためだった。山口組の猛攻から逃げまわり、逼《ひっ》塞《そく》した生活を続ける幹部たちのいらだち、不満が爆発した結果でもあった。

姜もまた、事の推移に疲弊しきって、もはや彼らを押さえこむ余力もなかった。

そのまま幹部たちに押しきられる形で、姜は神戸行きを断念せざるを得なかった。山口組との約束を一方的に破棄したのだ。それはせっかく摑んだ和解への糸口を、自ら断ち切ることを意味

した。

姜の土壇場での翻意に激怒したのは、山口組の斬り込み隊長――地道行雄である。

「何を考えとるんや！　自ら全面謝罪を願い出ておきながら、直前になって反故にするとは！　よしっ、そういうことなら、もう許さん！」

山口組の猛攻は再び開始された。

このとき、対明友会報復戦線に新たに名のりをあげた山口組直参組長がいた。神戸に本拠を置き、若手武闘派として売り出し中の加茂田組組長加茂田重政だった。

8月17日、加茂田は自ら手勢約20人を引き連れて大阪に乗り込んできた。西成区山王町の加茂田組組員の自宅に事務所を置き、明友会追撃の拠点としたのだ。

加茂田組は5～6組の襲撃班を編成し、明友会を探し求めた。2日後の19日夕刻、ようやくミナミの千日前界隈の路上で彼らと思しき7～8人のグループと遭遇した加茂田組襲撃班は、即座に獲物に襲いかかった。

たちまち3人を拉致し、加茂田組事務所に連れ込んだまではよかったが、間もなくしてとんだ人違いが発覚する。3人は明友会ではなく、南一家の組員たちだったのだ。

さらに、その間、別の加茂田組襲撃班3人が明友会に捕まるという逆転劇も生じ、事がややこしくなりかけたが、南一家と明友会の関係が近かったこともあって、

「ちょうど3対3や。捕虜交換と行こうやないか」

という相手の申し入れを、加茂田重政は受け入れ、その件は収められた。

が、加茂田組組員が捕虜となったことが、怪我の功名を生んだ。連れ込まれた先のアパートが、敵幹部たちのアジトと判明したからだった。

明友会三津田組の溜り場となっていた布施市（現・東大阪市）足代の有楽荘アパートであった。

加茂田組はただちに反撃態勢を整え、襲撃作戦を練った。

「ターゲットは有楽荘アパート。そこに宗福泰、韓建造を始め、敵の幹部がおるんや！」

加茂田の檄が飛んだ。宗福泰、韓建造は、「青い城」で騒動の発端を引き起こした男たちだった。

加茂田組の狙いは定まり、いざ出撃というところまで来ていた。

その報は、山口組在阪組織の間をまたたく間に駆け巡った。

20日深夜、西成・山王町の加茂田組事務所に集結した山口組混成部隊は、早50人を数えた。

こうした山口組の動きを察知した西成署の対応もすばやかった。加茂田組事務所周辺を数台ものパトカーや多数の機動隊で包囲封鎖し、集結部隊の身動きがとれないように厳戒態勢を敷いたのだ。

それでもいっこうに集結を解かない加茂田組に対し、業を煮やした西成警察署長は、21日午前4時を期して、

「すぐに解散しなさい。いつまでもこの状態を続けるなら、凶器準備集合罪で逮捕する」

と申し渡した。解散命令に従わなければ、伝家の宝刀を抜くというのだ。

これには加茂田自ら西成警察署長との交渉に応じざるを得ず、

「よっしゃ、わかった」

としたうえで、

「だが、警察もこの警戒を解除して貰わな。ワシらも承知でけんで。そっちが解いたら、ワシらもそうするで。そしたら1時間後や。5時に解散するで」

と約束を取り交わしたのだった。

だが、その実、加茂田はすでに組員たちとの間で、襲撃作戦を練りあげていた。

それは50人の人員を4組に分けて襲撃部隊を編成、第1組が出動して警戒網に引っかかっても(ある種の陽動作戦)、第2陣、第3陣……と続いて警察の間隙を衝く四段構えの緻密な作戦であった。

警察との交渉中も、

「出撃を準備せえ！」

とのブロックサインが、加茂田から密かに伝えられ、側近たちは頷きあった。

さらに、交渉終了後、

「ワシの『解散！』の号令とともに作戦開始や」

という加茂田の命が全員に伝わって、組員たちは奮い立った。

ついにそのときが来た。警察の警戒態勢が解かれ、加茂田重政のカムフラージュ解散宣言が高らかに発せられた。

「しゃあない。去《い》のう、去のう」

立ち去る振りをして、第1陣の出撃組10余人が丸腰で車5台に分乗した。彼らが向かったのは、ミナミのキャバレー「キング」の用具置き場で、そこが武器の補給基地になっていた。

幸いパトカーはついてこなかった。武器を補給した彼らは一路、そこから車で約30分の距離にある布施市足代の有楽荘アパートを目指した。

「キング」の用具置き場――武器補給基地からは、新たに2台の車が第1襲撃隊の5台の車に続いた。富士会幹部の松本勝美（のちに山口組直参）を指揮官とする別動隊であった。

さらに、それらの車を追うようにして、フルスピードで有楽荘アパートに向かう車があった。

この車に乗っていたのが、若き24歳の黒澤明を指揮官とする小川哲人ら柳川組幹部や組員6人であった。

山口組襲撃隊の車は次々に現場に到着した。

有楽荘は木造2階建ての古ぼけたアパートだった。明友会幹部がアジトにしているのは、2階左端の13号室であった。

三代目山口組組長田岡一雄は、この場面を、自伝（徳間書店）でこう活写している――。

《松本勝美らの車が現場に到着し、一足遅れて黒澤明らの車もやってきた。

黒澤は先着の松本らに怒気を浴びせた。

「どないした、踏み込まんのか」

松本らがためらっているのが苛立たしかったのだ。

黒澤は、単独でも有楽荘の階段を駆けあがろうとしている。

「待て」

「なんでとめるんや」

「やつらは相当の準備をしているらしい」

細心な松本は、はやる黒澤を押しとどめた。

松本には松本なりの読みがあったのだ。

明友会側が加茂田組の前川、長谷川、松本の3人を捕虜にしてこの有楽荘から釈放したとき、

「加茂田に伝えておけ。こっちは猟銃で迎えるから、いつでもこいとな」

と捨てゼリフを吐いている。

彼らは当然、加茂田組の襲撃を予期して迎撃態勢をとっているにちがいない。

松本はその対応策を模索していたのだ。

「そのときはそのときのことや。とにかく踏み込んでみんことにはわからんやろう」

黒澤はいきりたっている。

一刻の逡巡も許さない、火のような黒澤の気性だった。

松本は口をつぐんだが、じぶんでじぶんの胸に決断をくだすようにいい放った。

「――よし、やろう」

行動は開始された。

松本勝美をはじめ山下義人、福成信昭、小川哲人、青木勝治、石崎秀雄の六人が有楽荘へ侵入し、残りは水も漏らさず有楽荘を包囲した》

のちに直参の盃をおろすことになる若き黒澤の血気盛んな性分を、田岡一雄は余すところなく描写している。

黒澤の渡世上の出発点は、「殺しの軍団」と恐れられた柳川組で、柳川次郎を「兄貴」と呼んでいたのが黒澤だった。

この明友会事件当時は、山口組の総司令官・地道行雄率いる地道組の若頭をつとめる佐々木道雄の舎弟、つまり地道組内佐々木組舎弟の立場で彼は参戦していた。

その黒澤の、

「とにかく踏み込んでみんことにはわからん」

との声に促され、松本勝美は突入を決意、6人の斬り込み隊が有楽荘の階段を駆けあがった。

彼らは13号室の鍵穴に向けて銃弾をぶち込み、ドアを蹴破って一挙に部屋のなかになだれ込んだ。それぞれが拳銃や日本刀を手にしていた。

が、部屋にいたのは、明友会三津田組組員の5人だけ。ターゲットとする幹部たちはいち早く逃走したあとだった。

三津田組組員5人は抜き身を手に身構えてこそいたものの、眼は血走り、顔をひきつらせ、もはや勝負の行方は明らかだった。

追いつめられ、逃げ場を失った5人は必死の形相で反撃してくる。

斬り込み隊も容赦なかった。狭い4畳半の部屋は一瞬にして血の海と化した。彼らは1人を斬殺、残り4人に重傷を負わせるという凄まじい攻撃をかけたのだった。山口組側には怪我人の1

人とてなかった。

この事件は明友会の戦意を喪失させるに充分で、彼らは山口組の恐ろしさ、強さを厭というほど身に沁みて知ったのだった。

ここに至って、明友会会長姜昌興も、観念するよりなかった。もはや和解どころではなかった。

8月23日、姜は、山口組直参組長である別府の石井組組長石井一郎を通じて、地道若頭に全面降伏を申し出た。

翌24日、有馬温泉において山口組と明友会の手打ち式――というより、ほとんど〝全面降伏式〟にも等しい儀式が執り行われた。明友会側は、姜会長以下最高幹部7人が断指した指をそれぞれ瓶詰めにして持参していたからだ。

かくて山口組は「青い城事件」の勃発からわずか2週間で〝一千人軍団〟を豪語した大阪・ミナミの過激愚連隊・明友会を潰滅させるに至ったのである。それは改めて山口組の強さを周辺関係筋に見せつけて余りあった。

これによって大阪への本格的進出を果たした山口組が、全国各地に破竹の進撃を展開していくのはこのあとのことだった。明友会事件は山口組にとって、紛れもなく全国進攻の嚆矢となる決定的な抗争事件となった。

これによる山口組の逮捕者は102人、うち72人が起訴となり、そのなかには若頭・地道行雄、同補佐・山本広、同・吉川勇次、舎弟の安原政雄、中川猪三郎、韓禄春、中井啓一ら最高幹部も含まれていた。

懲役刑が下された者たちの刑期は、4年から最高12年余まで、それらの懲役年数を総計すると、実に200年以上にもなった。

そして懲役12年10カ月という最も長い刑期を科されたのが誰あろう、黒澤明であった。

3

昭和51年12月29日午前0時、黒澤は大阪・堺市北区の大阪刑務所を出所した。

昭和40年1月、懲役12年10カ月の判決を受け、その大半を日本一厳しいと言われる広島刑務所の独居房（厳正独居）で過ごすなど、約12年間の刑期をつとめたのちに大阪刑務所に移送され、同刑務所からの出所となったのである。

黒澤を出迎えたのは、夫を待ち続けていた姐を始め、佐々木組舎弟頭雲井武人以下、佐々木組の一統（黒澤の兄貴分である佐々木組組長佐々木道雄は、たまたま収監中の身であった）、加えて大阪勢の山口組直参組長らを中心とする約1000人もの組関係者だった。

13年ぶりに社会復帰した黒澤は、恐る恐る履いた革靴にもなかなか馴染めず、踏み出す足どりも覚束ず、しばらくは宙に浮いているような心地がした。

一歩外に出た途端、目に映じる風景も、出迎えの者たちも何もかも眩しく感じられてならなかった。

そこは新しい世界だった。まだ20代半ばの若造だった男が、脂の乗りきった壮年の男盛りになって帰ってきたのだ。まさしく浦島太郎の世界であった。

気の遠くなるような歳月と感じていたのも、まるで嘘のようで、そんな時間があったことさえ、夢であったような気がする。

〈オレは夢を見ていたのか……〉

もとより黒澤に後悔はなかった。自分が否応なく選びとった道を遮二無二突っ走り、一瞬の迷いもなく決断した行為――それに間違いなかった。その果てに落ちた塀の中だったのだ。

それが妥当か長いのか、自分にはわからなかったが、裁判長の口から判決が言い渡されるのを聞いたときから、黒澤の胸中にあったのは、決してこの懲役を無駄にはするまいという鋼のように強固な意志であった。

その誓いを守って、黒澤は獄中では我慢に徹した。官や受刑者との摩擦は極力避け、少々のことには耐えることにしたのだ。バカなヤツは相手にするまい、と。

もっとも、明友会事件で男を売った山口組の斬り込み隊長に絡んで来る者とてなく、黒澤は一目置かれ、めったにトラブルに巻き込まれることもなかった。

その分、彼はひたすら読書に励み、歴史、哲学、文学、宗教……等々、あらゆるジャンルを網羅し、娯楽本の類には一切目もくれなかった。書道に打ち込み、運動時間やわずかな時間を利用し、腕立て伏せや腹筋等をこなし、空手三段の腕をなまらせることなく、躰を鍛え続けた。

刑務所こそ男を磨く格好の場、腰を据えて勉強するには最高の学び舎として、黒澤は我が道を行くことにしたのだ。

さながら修行僧か、武芸者のように己を鞭打ち、自分との闘いの日々を送ってこそ、道も開けよう。そうでなければ、シャバに出れる日だけを指折り数え、同房者（幸い独居であったが）らとの愚にもつかないお喋りや無為妄想に明け暮れ、無自覚にボーフラのように日々過ごすだけのつまらん男になってしまう。

そうなるまいとして、自分を律し、頑なまでにその意思を折ることなく、出所する今日まで曲がりなりにも貫き通してきた——との自負が、黒澤にはあった。

自分の人生でこれほど勉強した時期というのも、かつてなかったであろう。また、人との出会いにも恵まれ、味のある男、それなりの人物と知りあえたのも大きかった。

ああいう閉ざされた最底辺の社会であればこそ、虚飾を剝ぎ取られた裸の人間同士、逆に見えてくるものが多々あったのだ。世の動きに対しても同様であった。

逆境こそ好機と考え、己を磨くこと。それは20代後半から30代のすべての時間——人生の成熟期ともいえる最も大事な時間を社会から隔離され、獄中暮らしを余儀なくされた男にとって、ひとつの意地でもあった。

次のステージへ、より高みへ踏み出すために、男は刃を研ぎ続けてきたのだった。

そして、今、帰ってきたのだ。

黒澤は感無量であった。

〈いや、帰ってきたんじゃない。これからオレの新たな世界が始まるのだ。今日こそ新たな人生のスタート、オレは新しい生を得たのだ……〉

黒澤はこの日を、公的にも我が生誕の日にすることにした。戸籍上の昭和10年12月19日の誕生日が、同年12月29日に変わった瞬間でもあった。

ともあれ、黒澤は満を持してシャバに帰ってきたのだ。

塀の外に向かって第1歩を踏み出した黒澤を、にこやかに迎え、

「長い間、御苦労さんだったなあ」

と、その肩を抱えこむようにしてねぎらう大阪勢の山口組直参組長たち。かつて南道会8人衆と言われた面々や、対明友会抗争では同じように躰を賭け、中川組幹部から本家直参に直って若頭補佐に昇格した正路正雄、あるいは松美会会長松本勝美の顔も見えた。

「兄弟、待っとったで。一日千秋の思いでな……」

「ありがとう」

黒澤は握手を求められれば握り返し、1人ひとりの顔に目を止めていく。

「兄貴、お疲れ様でした」

佐々木組舎弟頭の雲井武人が、万感交々といった顔で黒澤に頭を下げた。

「おお、こんな時期によう来てくれたのう」

黒澤が言ったのには、理由があった。

当時、佐々木道雄組長率いる佐々木組は、前年7月に勃発した〝ジュテーム事件〟を発端とする山口組VS松田組——いわゆる〝大阪戦争〟の当事者として、この2カ月前の10月には〝日本橋事件〟を引き起こしていたからだった。すでに大阪戦争は1年3カ月、2年越しに及んで、いま

だ終結を見ていなかった。

黒澤の兄貴分である佐々木道雄はこの時期、たまたま別の件で逮捕を余儀なくされ、出迎えには来れなかったが、代わって佐々木組全員に召集がかかって、大阪刑務所への集結となったのだった。

放免出迎えの場は、大阪刑務所（堺市北区田出井）の目と鼻の先にある方違《ほうちがい》神社の境内であった。ここに集まったおよそ2000人もの出迎え人。さながら真夜中の厳粛なる宴であった。

黒澤も、勢揃いした佐々木組組員のなかに、明友会事件当時から知っている古い顔を見つけては、懐かしがった。

と、そのとき、黒澤の前に一歩出て、

「叔父貴、長いこと、お疲れ様でした」

と挨拶する者があった。まだ若くて、ひときわ気合いが入っていた。

黒澤には、初めて見る顔だった。

「私、佐々木組の若頭補佐をつとめます、片岡昭生と申します。よろしうお頼《たの》申します」

片岡にすれば、出過ぎた真似とはわかっていても、噂に聞く憧れの大先輩、目の前にしたら、思わずそうせずにはいられなかったのだ。

黒澤の顔がパッと輝いた。

「おお、君が片岡君か。聞いとるで。兄貴をよう男前にしてくれたのう」

今度の〝日本橋事件〟のことを指しているのは明らかだった。

片岡は信じられなかった。直に声を掛けてくれたばかりか、獄中にいたはずなのに、ちゃんと事件のことまで知っていて、褒めてくれるとは！

「いえ、滅相もおまへん……」

片岡は黒澤のひと言で、すべて報われたような気がした。

〈この人が認めてくれはったんや！　これでワシは何年でもつとめに行けるがな……10年でも15年でもええ〉

片岡は感激のあまり、躰中から慄えが来るようであった。

そもそもの発端は、前年の昭和50年7月26日、大阪・豊中市において、山口組系佐々木組と松田組系溝口組との間で勃発した衝撃的な抗争事件だった。

同日未明、豊中市長興寺南のスナック喫茶「ジュテーム」で、山口組系佐々木組内徳元組の幹部ら4人が、松田組系溝口組幹部ら7人から銃撃され、うち3人が射殺され、1人が瀕死の重傷を負ったのだ。

松田組は戦後、松田雪重を初代に大阪・西成を本拠に結成された、博奕だけをシノギとする生粋の博徒一家であった。

二代目を継承した樫忠義も、大阪市内に30数カ所の賭場を持ち、そこから上がるテラ銭は日に1千万円はくだらないといわれた。

この松田組にあって、若頭補佐の溝口正雄率いる溝口組もまた博奕をシノギとして、大阪・キタに常盆を開いていた。

その賭場へ、徳元組の幹部ら4人組が顔を出すようになったのは、昭和50年6月頃からだった。彼らの嫌がらせはすぐに始まった。100円や1000円の張り銭で勝負に加わろうとしたり、負けると拳銃をちらつかせ、あるいは山菱の代紋を見せつけて、

「コマをまわしてくれや」

と強要するなど、執拗な嫌がらせが繰り返されるようになった。

溝口組側の我慢も限界に達したときに起きたのが、3人の死者と1人の重傷者を出す〝ジュテーム事件〟とも〝豊中事件〟とも称される乱射事件であったのだ。

これに対する山口組側の報復が開始されたのは約1カ月後のことで、8月23日、梶原組組員が大阪市東住吉区の松田組系村田組組長村田岩三宅に侵入、銃弾2発を発射、怪我人はなかった。

それから4時間半後の24日未明、今度は松田組が反撃する。ここで登場するのが、村田組内の過激派、大阪戦争で中心的な役割を担って、いわばキーポイントともなる大日本正義団だった。同組幹部ら2人が、神戸の山口組本部事務所に乗用車で乗りつけ、拳銃6発を発射する挙に出たのだ。

山口組側の報復も続いて、8月30日、大阪市淀川区の松田組系瀬田会会長代行宅を3人組が襲撃、同組員1人を撃ち重傷を負わせるに至った。

さらに9月2日夕刻には、大阪市住吉区の二代目松田組組長樫忠義宅を中西組組員らが襲撃、警戒中のパトカー越しに銃弾3発を撃ち込むなど、抗争はエスカレートしていった。

その一方では和解工作も続けられており、関西ヤクザの親睦団体である「関西懇親会」の仲裁

が、前向きに進行しつつあった。

だが、そんな矢先、和解話など吹っ飛んでしまう事件が出来する。9月3日早朝、大阪市南区の山口組系中西組事務所前で、車を停めて待機、警戒中の同組組員1人が、突如、乗用車で突っ込んできた大日本正義団組員によって、胸に2発の銃弾を浴び、射殺されたのだった。

この同正義団の襲撃は、前日の樫忠義組長宅銃撃への報復であると同時に、上層部で進行中の和解話に対する否《ノン》であり、それを潰すためのものであるのは明らかだった。

これによって、和解工作は水泡に帰し、事態は下部団体同士の抗争というわけにはいかなくなった。

まさしく1万1000人の山口組VS3000人の松田組――マスコミの言う〝巨象〟VS〝蟻〟の戦争という構図へと移行するのである。

山口組側の死者は4人、負傷者1人、松田組側は負傷者が1人という、秤が一方にだけ傾き過ぎた現実――このままではヤクザ社会における山口組の面子はなかった。

4

とりわけ抗争の火付け役となった佐々木組は、針のムシロに座らされたも同然となった。

大日本正義団の和解潰しともいうべき中西組組員射殺事件に対する山口組の怒りは凄まじく、総指揮官である山本健一若頭は、

「向こうがその気なら、とことん殺《いわ》してしまえ！」

と松田組殲滅の檄を飛ばしたといわれる。

が、事件翌々日の9月5日、警察庁は計ったように、組織暴力団に対する第3次頂上作戦の開始を宣言、取締まりの強化を打ち出した。

その影響があったのかどうか、この山口組VS松田組の大阪戦争は、それからピタッと鳴りをひそめ、しばらくの間、何も起こらなかった。山口組もまるで動きを封じ込められたかのように、なんら表立った報復の動きを見せなかった。

そうした膠着状態が長い間続いて、年を越し、新しい年——昭和51年が半ばを過ぎてもなお変わらずとなったとき、山口組の間からも、

「おい、佐々木組はどうなっとるんや。自分で蒔いたタネも刈りとれんのかい?! それでよう極道やっとれるのう。このままやったら山口組の面子は丸潰れや。どっからも舐められてまうがな」

とのブーイングは、刻々大きくなっていた。

何より決定的だったのは、三代目山口組組長田岡一雄が、

「この頃ミチは、ゴルフばっかりやっとるそうやな」

と側近に漏らしたということが、広く伝わってきたときである。

「ミチ」とはいうまでもなく山口組の実力派の1人に数えられる直系組長、佐々木組組長佐々木道雄のことだった。

田岡ドンのさりげないひと言に込められていたのは、極道としてやるべきこともやらないで、いったい佐々木は何をやっているんだ――との痛烈な皮肉であった。

いや、当事者である佐々木組にすれば、それは皮肉でも何でもなく、本家ドンの厳しい叱責の声以外の何ものでもなかった。

佐々木組若頭補佐である片岡昭生と入江秀雄の2人が、その田岡のひと言を週刊誌で知ったとき、

「おい、兄弟、こりゃ、ワシらがやるしかないで」

「おお、ホンマや。ワシらがやらな、しゃあないわ」

期せずして双方から声があがり、その覚悟が固まった瞬間でもあった。

「もうこれ以上、佐々木の親父に恥をかかすわけにはいかんしのう。早うやらんことにゃどうにもならん」

「マトを絞るときが来たっちゅうこっちゃ。確実にタマをとれる相手を……」

田岡の言葉がどれほど極道としての2人の魂を刺激し、揺さぶったことか、計り知れなかった。それはズシンと胸に響いて、芯から恥じいらせずにはおかなかった。

組の若頭補佐たる者が、このまま親分佐々木の面子を丸潰れにしたままでいるようでは、もはや極道失格であった。

「やるで！」

片岡と入江の思いはひとつだった。

もとより抗争が激化し、警察の取締まりが厳しい膠着状態が長く続くなか、やられっ放しのまま、佐々木組が何もせず手をこまねいていたわけではなかった。

佐々木組が当初、報復のターゲットとして狙いをつけていたのは、松田組組長樫忠義、次いで松田組系村田組組長村田岩三、それに松田組系村田組内大日本正義団会長吉田芳弘であった。

だが、樫は自宅に引きこもったままで動かず、大阪府警の張り付き警戒も厳しく、どうにもならなかった。

村田の身辺も同様に警戒厳重で容易に近づくことも難しく、かつこの元柔道師範はなかなか隙を見せなかった。

となると、ターゲットは畢竟《ひっきょう》、ジュテーム事件後、中心的に抗争に参戦していた過激派の大日本正義団のドン・吉田芳弘を置いてなかった。

「吉田や！」

「こいつしかあらへんな！」

片岡と入江の意見もたちまち一致し、マトは吉田に絞られたのだった。

2人は愚連隊時代からの兄弟分で、佐々木組入りしてからも良きライバルとして男を磨きあった仲だった。

彼らはさっそく片岡組と入江組とで混成襲撃部隊を編成して指揮をとり、吉田の暗殺《タマとり》に向けて本格的に動き出した。

襲撃部隊は同時に偵察部隊ともなって、吉田の身辺や立ちまわり先、愛人関係、行動等を探り続け、徹底した情報収集に当たった。

だが、襲撃のチャンスはなかなか訪れないままに、1カ月、2カ月、3カ月……とズルズルと歳月だけが流れていった。

それでも襲撃部隊の執念の追跡は止むことなく続けられ、彼らは決して諦めなかった。飽くことなくマトを追い求め、その情報を探って、隙あらばという襲撃のチャンスに賭けたのだった。

指揮官である片岡と入江のもとに、襲撃部隊から決定的な朗報が齎《もたら》されたのは、マトを追い続けて半年になろうかという時期であった。

昭和51年10月3日午後1時過ぎ、片岡組幹部與《あたえ》則和、入江組若頭補佐Kの2人が、大阪・日本橋の電機店街において、ついに大日本正義団会長吉田芳弘の姿を捉えて襲撃、射殺に成功したという知らせだった。

片岡昭生がそのときのことを、こう振り返った。

「半年ほど前から吉田相手に本格的に張り付きだして、行きつけの店やガソリンスタンドとか立ち寄り場所をシラミ潰しに洗って、行動パターンを摑んで、車で追尾し実際に襲撃しようとしてチャンスを逃したこともあったんや。

当日も偵察部隊がいつものコースを車で回っていて、相手の車を見つけたんやが、これはまったくの偶然ですよ。ワシと入江が姫島を基地にして待機しとったんやが、いったんは見失ったと連絡が入ったんですわ」

だが、それから1時間後、2人のヒットマンから、興奮した声で電話が入り、

「やりました！　至近距離から2人で5発。間違いなく仕留めました」

　との報告があり、間もなくすると、テレビからも、

《日本橋電機店街で大日本正義団吉田芳弘会長射殺》

　とのテロップが流れた。

　それを見届けた片岡と入江は、テレビの前でしばし感無量となり、すぐには言葉も出てこなかった。長いプレッシャーからようやく解き放たれたという思いが、何より強かった。

「兄弟、終わったな」

「ああ、やっと終わった……」

　実感が2人の口を衝いて出た。

　この日、與とKが電機店街で吉田を襲撃したのは、午後1時15分頃、吉田が買いものを終え、店の前の車道で待たせていたクラウンに乗り込もうとしたときだった。

　2人はその背後から近づいて、吉田目がけて拳銃を3発ずつ発射。銃弾は1発が吉田の背中から胸に貫通し、3発が腰などに食い込んだのだ。

　吉田はほぼ即死状態で、10分後、運ばれた近くの病院で出血多量で絶命したのだった。

　與とKは襲撃後、すぐに逃走したが、吉田のボディガードの組員に追われ、拳銃を数発発砲された。が、2人はその追撃を躱《かわ》して逃げきった。

　ときならぬ白昼の銃撃戦に、商店街は大混乱に陥ったものの、巻き添えによる怪我人等がなかったのは幸いだった。

佐々木組系徳元組幹部3人が射殺され、1人が瀕死の重傷を負った、佐々木組にすれば屈辱の〝ジュテーム事件〟から、実に約1年2カ月の歳月が経過していた。

その間、佐々木組は決して手をこまねいていたわけではなく、松田組への報復の一念を胸に秘め、ひたすらその機会を窺い続けていたのだった。が、警察の取締まりの強化や松田組側のガードの固さもあって、思うように行かず、ただ時間ばかりが流れ去っていた。

「何をやっとるんや?!」

という同じ山口組内部からの批判的な声や冷笑にも、佐々木組はジッと耐え、大願成就のために我慢してきたのだった。

そして押し寄せてくるジリジリとした焦りや重圧を撥ね返し、ついに念願の報復を果たしたのである。

佐々木組の重鎮である、対明友会抗争の大功労者、黒澤明が帰ってきたのは、まさにそんな最中、斯界的には、山口組VS松田組の抗争もようやく決着がついたと見られた時期であった。

大日本正義団会長吉田芳弘を射殺した実行犯の與則和、Kを始め、佐々木組の襲撃部隊6人が大阪府警に逮捕されたのは、事件の翌11月、黒澤出所の前月のことで、その指揮を執った片岡と入江の身辺には、まだ捜査当局の手は及んでいなかった。

指名手配もされていない2人は、逃げ隠れすることなく、堂々と佐々木組の大先輩で叔父貴分にあたる黒澤の放免出迎えに駆けつけたのだった。

明友会事件のとき、片岡はまだ中学3年生、愚連隊を経て佐々木組入りしたのは少し遅く、昭和44年、24歳のときである。初犯となる懲役5年の刑をつとめ終えて間もなくのことだった。

明友会事件で長期刑を余儀なくされ、服役中の黒澤とは会う機会もなかったが、彼の噂は先輩たちから折に触れて聴いており、片岡には憧れの対象であった。親分の佐々木道雄も、別格扱いしているのは、肌で感じられたものだ。

「黒澤の叔父貴って、どんな人やろ？」

「そりゃ山口組のために武勲をたてる働きをした金筋やさかいのう。獄中《なか》に入っとるときから、プラチナ待遇やったっちゅう話や」

「ホンマか。じゃあ、もう直参同然ってわけか」

「ああ、大学出で頭も切れるし、山口組切っての男前って専らの評判や」

他の佐々木組組員たちとともに、大阪刑務所近くの方違神社に集合し、その出所を今や遅しと待つ片岡と入江にすれば、まだ見ぬ黒澤は興味津々であった。組のためにジギリを賭けた大先輩であるだけに、なおさら敬愛とともに親近感も湧くのだった。

黒澤の放免出迎えに集まった関係者はおよそ2000人ともいわれ、方違神社境内をびっしり埋め尽くした。

その大勢の出迎え人たちの前で、黒澤が放った出所第一声——御礼挨拶は堂々たるものだった。

「……私、12年有余の修養生活ではありましたが、自分なりに家名・武門を汚すことなく、男として恥ずかしくない日々を以って自己研鑽を積み修行に励んで参りました。本日、ここに、健康な身体で放免を迎えることができましたのも、ひとえに御一統様の御支援、御厚情の賜ものと厚く御礼を申しあげる次第であります。

私、黒澤明、このつとめを任俠の道を極める糧として、今後ともなお一層、佐々木組、ひいては山口組発展のために任俠道に邁進する所存です。

とは申しましても、御被見の通り、浅学非才、俠道いまだ若輩の身にございます。まして13年ぶりに社会復帰しまして、時代の変わりようは驚くばかりで、さながら浦島太郎の心境、五里霧中、暗中模索といった状況であります。

どうか諸先輩方には、今後とも更なる御指導御鞭撻を賜りますよう、伏してお願い申しあげます……」

5

「叔父貴、出所おめでとうございます。長い間のおつとめ、お疲れ様でした」

片岡と入江が、大阪・豊中の黒澤邸応接間で畏まり、黒澤に深々と頭を下げた。

「おお、おおきに、ありがとう。おまはんらも本当にようやってくれたのう。おかげでうちの兄貴も佐々木組も面目が立った。いや、山口組の面子も立ったというもんや」

和服姿の黒澤が、片岡と入江の2人を等分に見遣《や》りながら、笑みを湛《たた》えて言った。日本橋事件のことを言っているのは明らかだった。

昭和52年も明けて1月末、黒澤も出所して1カ月になろうとしていた。

「滅相もおまへん。それより叔父貴、今日は私と入江の心ばかりの出所祝い、持って参りました。受けとって貰えまっしゃろか?」

片岡が恐る恐る申し出た。2人のお祝いの品というのは、黒革のビキューナのコートだった。

黒澤が驚いたようにそれを手にとると、

「……おおきに。ありがたく頂戴するよ……」

しばし感極まったように、コートを見遣ったままだった。

「叔父貴、サイズ、合いまっしゃろか? ちょっと着てみておくんなはれ」

入江が言うのに、

「おお」黒澤が満面の笑みを浮かべて立ちあがり、ビキューナのコートを身につけはじめた。

着てみると、計ったようにサイズもピッタリだった。

片岡と入江から同時に嘆声があがった。

「ほう、よう似合いまんなあ」

「よう似合っとりますわ。叔父貴はセンスがよろしいさかい……」

黒澤は照れたように、

「ありがとう。ワシも果報者よ。今、売り出し中の後輩たちから、こんなにして貰ってのう。けど、おまえら、こりゃだいぶ値が張るヤツと違うか。シャバに長いことといなかったオレでも、それくらいわかるぞ。無理しやがって……」

黒澤の眸《ひとみ》が心なしか潤んでいるように見えた。

「いえ、たいしたことおまへんがな。ワシらの気持ちですさかい」

その実、カシミヤよりワンランク高級とされるビキューナの200万円もの品、2人が100万円ずつ出しあって買い求めたものだった。

そのあたりのことは黒澤にもおおよその察しがついたが、何より胸に沁みたのは、これから長い懲役を覚悟しなければならない身でありながら、そんな心遣いをしてくれたことだった。本当ならそれどころではなく、少しでも金が入り用なはずなのに、2人の気持ちが、黒澤には涙が出るほど嬉しかったのだ。

「こりゃ、オレの宝になるな。おまえら……大事に着させて貰うよ」

その黒澤の言葉だけで、片岡と入江には充分であった。それでなくても、放免出迎えで初めて会い、

「佐々木の兄貴をよう男前にしてくれたのう」

と値千金の言葉をかけて貰って以来、以前にも増して慕うようになっていた片岡には、何よりも誇らしかった。

黒澤はその日から、片岡と入江から贈られた黒のビキューナのロングコートを愛用しだした。それはおシャレな黒澤にはよく似合い、彼のトレードマークともなったのだった。

片岡と入江が日本橋事件の首謀者として、大阪府警に殺人の容疑で逮捕されたのは、同年3月のことである。

一審判決は2人に懲役8年（求刑15年）が下ったが、検事控訴されて二審ではともに実行犯の

2人同様、懲役10年となった。

これは佐々木組若頭の松本忠が法廷で、

「責任は私にあります。自分が指示したら行かざるを得ないのが、実行行為者の立場です。どうか寛大な処分を」

と述べたことが反映された結果であったとも言われる（松本は懲役13年の判決）。

このとき、佐々木組組長佐々木道雄は逮捕を免れたのだが、片岡は担当の主任刑事から言われた、

「佐々木のガラをとったら、おまえさんらの懲役が死んでしまうわ。そろそろ終わりにしたらどないや」

との科白を意気に感じて、後々まで忘れられなかった。

片岡が大阪・曽根崎署（入江は浪速署）に逮捕されると、黒澤はすぐさま面会に来て、金や食べ物を差し入れてくれ、

「躰だけは大事にしてくれよ。長いつとめになるだろうが、しっかり腰を据えて修行するつもりでな。まだ若いんだから」

と励ましてくれるのだった。それが片岡には骨身に沁みて嬉しかった。

大阪拘置所に移送されてからも、面会ばかりか、黒澤からは毎月のように手紙が届いて片岡を感激させた。

それは達筆なうえに、文章も通り一遍のものではない味があり、親身になって片岡を気遣い、

激励してくれる気持ちがこもっていて、片岡は、

〈やっぱり苦労人や。あれほどの男が……極道として、大阪府警の連中さえ一目置くような人物が、ワシみたいな者《もん》のために……そこらのヤクザとはまるで違《ちご》とるがな。こない尊敬できる人は他におらんな〉

と心底思うのだった。

あるときの黒澤の手紙には、

《君と入江君はもう佐々木の若衆じゃなくて舎弟であるのだから、座布団も立場も以前とはだいぶ違うのだ。私との関係も叔父・甥ではなく、言ってみれば同じ佐々木の兄弟じゃないか。何にせよ、堂々と胸を張って誇りを持ってつとめて来ればいい。君たちがどれだけ大きな男になって帰ってくることか。私は楽しみに待ってるよ》

という意のことが書かれてあった。確かに事件後、服役前に、片岡と入江は佐々木組若頭補佐から舎弟への昇格が決まっていた。佐々木組の場合、他と違って、舎弟のほうが若頭補佐よりランクが上であった。

が、それにしても、片岡にすれば、黒澤と兄弟とは畏れ多いことで、さすがにそこまでのぼせあがったことは毛頭考えてもいなかった。

〈滅相もない。器量も実績も何もかも格段に上の人が……せやけど、これから長いつとめに行かななならん男をそこまで立てて気遣い、励ましてくれるいうんが、黒澤明という男なんや。できんこっちゃ。よっしゃ、ワシは決めたで！〉

と深く感じ入り、黒澤にこう返事を書いたものだ。
《佐々木組舎弟に昇格いうても、それは役職のこと、私はあくまで佐々木を親父と思とります。そこで黒澤の叔父貴、兄弟などと畏れ多いことを言うてくれはるんやったら、どうか、私のたった1人の兄貴分になっとくんなはれ。なにとぞ「兄貴」と呼ぶのを許したってください》
いや、許すも許さぬもなかった。それ以前に、そのことは片岡がすでに堅く決めていることであった。

6

一方にだけ傾き過ぎていた抗争のバランスシートも、佐々木組による大日本正義団会長射殺事件によってほぼ平衡を取り戻したとされ、大方の周辺関係筋も、

「ジュテーム事件への報復《カエシ》は、日本橋事件によって一応のケリがついたということではないか。山口組もこれ以上、追い打ちをかけるようなこともないやろし、松田組とてもともと博奕一本の組、喧嘩なぞするところと違うんや。ましてや山口組相手に……まあ、遠からず和解への道が開かれるやろ」

と見ていた。

ところが、日本橋事件は〝大阪戦争〟の終結ではなく、〝第2次抗争〟の始まりであった。会長の吉田芳弘を射殺された松田組の超過激派・大日本正義団は、会長の遺骨をかじって報復を誓

い、仇討ち貫徹に向けて執念を燃やし続けたのだ。

正義団はまず佐々木道雄を標的として狙いを定め、神戸の佐々木邸近くのマンションに2カ所（2室）のアジトを構えた。1室には24時間態勢で組員4～5人が常駐し、もう1室を各種拳銃から米軍の手榴弾、ダイナマイトまで揃えて武器庫とし、いつでも出動可能であった。

だが、佐々木襲撃を前にして、このアジトは翌52年3月下旬、兵庫県警に発覚し、16人もの正義団組員が銃刀法違反などの容疑で逮捕されたばかりか、すべての武器が押収されてしまう。正義団にとっては大打撃であったが、それでもなお彼らは報復を諦めたわけではなかった。

佐々木邸近くのアジトとは別に、神戸市生田区の山口組本部近くにもマンションを借りて、同様に拳銃、自動小銃、手榴弾などの武器を運びこんで襲撃前線基地とし、そのチャンスを窺い続けた。

それでも機会はなかなか訪れず、このアジトも一時撤退を余儀なくされたが、報復へ向けての飽くなき追求は止むことがなかった。

ついには三代目山口組組長田岡一雄の暗殺を図って襲撃隊を結成し、香川県琴平町の金比羅にまで飛んだことがあった。三代目が幹部らとともに金比羅参りをするとの情報を入手したからで、彼ら襲撃隊6人は、金比羅宮近くのホテルを拠点に数日間も同宮に張りこんで、田岡暗殺の機会を窺ったのだ。

しかし、彼らの前に、三代目一行はとうとう現れず、その暗殺計画は頓挫するに至った。

その直後の8月2日、二代目大日本正義団会長の吉田芳幸は、大阪府警に銃刀法違反の容疑で逮捕され、関係者宅から拳銃29丁、軽機関銃1丁、手榴弾2個、実弾989発など大量の武器類が押収された。

事ここに至って、大阪府警は正義団に対し、もはや組織的にはほぼ壊滅状態にあり、山口組に対し、到底報復できるような余力なし——と判断したとしても、無理からぬところであったろう。ところが、ここに1人の若者がいた。金比羅宮の田岡襲撃部隊の一員でもあったのに、大阪府警の根こそぎの検挙を逃れた男。

殺された親分・吉田芳弘にことのほか可愛いがられ、その遺骨をかじって報復を誓った男——彼こそ、鳴海清であった。25歳の鳴海は、

「たとえ1人になっても、会長の仇を討つ」

と、最後の最後まで仇討ちに執念を燃やしていた。

その鳴海によって引き起こされたのが、日本のヤクザ界を震撼させた、世に言う〝ベラミ事件〟であった。

日本橋事件から1年9カ月後の昭和53年7月11日に勃発した同事件こそ〝大阪戦争（第3次）〟の新たな幕明けとなったのである。

大事件の舞台となったのは、京都・東山区三条大橋東詰の側にあるナイトクラブ「ベラミ」で、三代目山口組組長田岡一雄が京都を訪れた際にはよく利用するお気に入りの店だった。

この日、田岡が側近幹部の細田利明、弘田武志、仲田喜志登、羽根恒夫という4人の直系組長を従え、京都を訪ねたのは、太秦の東映京都撮影所の火事見舞いのためであった。

その帰途、田岡一行が「ベラミ」に入店したのは夜8時頃、折から雷鳴が轟く悪天候のせいもあってか、２００人収容の客席もまばらで70名ほどの入りだった。

一行が落ち着いたのは、ステージから2列目のボックス席で、ステージでは外国人ダンサーによるリンボーダンスショーが行われていた。

ショーに目を向け、ホステスと歓談しながらくつろぐ田岡に、突如凶変が生じたのは約1時間半後、9時25分頃のことである。

2列後ろのボックス席にいた若い男が、田岡の背後約4メートルの至近距離に駆け寄るや、手にした拳銃を拝み撃ちに構えたのだ。

直後、「パーン!」「パーン!」とあがる2発の銃声。男が放った最初の銃弾は、三代目の後部右首筋をえぐって左首筋に抜け、隣席の中年医師の下腹部に命中。あとの1発は田岡の顎のあたりをかすめ、同じ隣席の初老の医師の右肩に食い込んでいた。

「親分!」

撃たれた田岡のもとに、顔色を失くした弘田、仲田の両組長が駆け寄ると、

「ワシは大丈夫や。それよりあの（巻き添えの）おふたりを、早く病院へ」

と、ハンカチで首を押さえながら、三代目は隣席で倒れている2人を指差し、冷静に指示を出した。ハンカチは血で染まっていた。

あとの2人、細田と羽根も血相を変え、「どけ!　どけ!」と叫びながら逃走する銃撃犯を必死に追って、店を飛び出した。が、男の逃げ足は速く、たちまち見失ってしまう。

現場には通報を受けた京都府警のパトカーや警官が続々集まるなか、田岡は弘田、仲田とともにキャデラックに乗り込み、名神高速道路を尼崎の関西労災病院に向けて直行。

病院に着くや、即座に手術が行われ、助かった（全治1カ月）のは何万分の一の確率という奇跡的なものだった。その弾丸が首筋を抜けて何ひとつ障害なしで行ける道筋はたった1カ所しかなく、まさにそこを貫通したというのだから、神がかっていた。

逃走して身元不明だった狙撃犯が、大日本正義団の鳴海清と判明するのは後日のことであったが、山口組の怒りは凄まじかった。

「犯人は警察より先にこっちであげるんや。このケジメは山口組でつけるんや！」

山口組若頭である山健組組長山本健一の檄が、主だった幹部組長に飛んだ。

山口組の必死の探索をよそに、当の鳴海は大阪市大正区の二代目正義団会長吉田芳幸の愛人宅から東京の兄貴分同様の某組織組員宅、再び大阪の吉田会長愛人宅、さらに兵庫・三木市の知人宅——と、逃亡先を転々としていた。

移動の際には、赤茶色のロングヘアのカツラをつけ、トンボ眼鏡、白のカーディガン・パンタロンというスタイルで、女装することもあったという。

そして8月12日、大阪の夕刊紙専門の新聞社2社に、鳴海清の名で、2枚の便箋入りの封書が届いた。消印は大阪・西成郵便局だった。

《田岡まだお前は己の非に気づかないのか。……。もう少し頭のすずしい男だと思っていた。でもみそこなった様だ。日本一とか大親分とかいわれ、己れ自身、その覚が多少なりともあれば、王者の貫禄というものを知るべきだ。長期にわたり世間様に迷惑をかけ、尊い人の命をぎせいにし、その上にほこり高き己れ自身がさらし真の日本一か。（以下略）》

との文面で、大阪府警は筆跡鑑定の結果、これを鳴海の直筆と断定、鳴海は西成地区に潜伏の可能性ありとして、機動隊まで出動させて一斉捜索、一帯のローラー作戦を展開した。

この三代目を揶揄した挑発的な手紙が、どれだけ山口組の怒りを増幅させたかは想像に難くない。

明らかに火に油を注ぐ形になった。

山口組は大量の組員を西成に送り込んで、鳴海探しに躍起になる一方で、ついに松田組に対するなりふり構わぬ報復攻撃を開始したのだった。

その火蓋が切って落とされたのは、鳴海の挑戦状が新聞に出た日から4日後、8月17日のこと。大阪市住吉区の新興住宅地にある公衆浴場「大黒温泉」前において、松田組の重鎮・村田岩三組長率いる村田組の若頭補佐・朝見義男が射殺されたのである。山口組山健組内盛力会組員による犯行だった。

続いて9月2日午後10時、和歌山市の松田組系西口組組長西口善夫宅前に、山健組内健竜会組員ら4人が白いセドリックで乗りつけ、拳銃を乱射した。弾丸は西口宅門付近で警戒中の同組組員2人に、それぞれ2発と3発が命中し、2人は死亡した。

その後も執拗な山口組の報復攻撃が繰り返された。大阪・阿倍野、再び和歌山市、尼崎、大阪・西成――と、山口組による銃撃事件がたて続けに発生、山口組はわずか3カ月ほどの間に、松田組系の幹部、組員ら6人を射殺、数人に重軽傷を負わせたのだった。

その主だった事件の半数は、若頭の山本健一が率いる山健組配下によるもので、この〝大阪戦争〟で山健組が背負った懲役の総計は、実に200年を超えた。

山口組の報復攻撃が続くなか、9月17日、兵庫県六甲山中の谷底で鳴海清が変わり果てた姿で発見された。鳴海の遺体は顔や両手、両足をガムテープでグルグル巻きにされ、激しい暴行を受けた跡があった。

明らかにリンチ殺人であったが、山口組の犯行ではなかった。では、鳴海は山口組以外の何者によって始末されたのか。

ずっとわからずじまいで、謎を残したまま時効が成立、現在に至っている。

この一連の過激抗争にピリオドが打たれたのは、昭和53年11月1日、山口組本部2階大広間に多数の報道陣を招いて行われた山口組の一方的な抗争終結宣言による。

同日午後3時、宣言発表の場に臨んだのは、若頭の山本健一、若頭補佐兼本部長の小田秀臣、若頭補佐の山本広の3人で、80人の報道陣を前に、山本健一が声明文を読みあげた。

「昭和50年7月、大阪豊中市に於ての抗争事件惹起により、一連の不祥事が偶発いたし、市民各位様に多大のご心痛、ご迷惑を及ぼしましたること、当組の本意に非《あら》ず、真に不徳のいたすところと申しながら、尚現状をこのまま放置することによって、将来、益々の抗争による益なき事態が偶発する可能性を憂慮いたすと同時に、ひいては、社会の治安に係る重大な過失を犯す結果を生ぜしめ、尚これ以上のご迷惑を世間様に及ぼし、且、当組綱領の教示をみずから冒瀆するものであると考慮いたし、ここに当組独自の判断により一連の抗争事件を終止、徹底いたすべく、本声明文の公表を以て、抗争終結の宣言をいたすものであります」

かくて昭和50年から53年まで4年越し、3次にわたって繰り広げられた山口組VS松田組の〝大阪戦争〟は、ようやく終結を見たのである。

第四章

平和共存に奔走

山口組のキッシンジャーと呼ばれた男

山口組・田岡一雄三代目（前列中央）と関西二十日会の親分衆

1

黒澤明が、フィリピン・ホロ島のMNLF（モロ民族解放戦線）ゲリラによって1年2カ月にわたって囚われの身となっていた日本人カメラマン救出のために奔走し、盟友の野村秋介の協力も得て、最後は見事にそれを成功させたのは、昭和61年3月、極道渡世を引退した翌々年のこと。

そのとき、マニラに同行し、その救出を見届けた私としては、いつか黒澤明の評伝を書くことを念願としていた。

だが、生来の怠け者、いつかいつかと思っているうちに延び延びとなり、気がついたら平成、令和とときが移り、35年の歳月が流れていた。

これはいかん、あとがないと決断したときには、悲しいかな、黒澤の極道時代をよく知る人のほとんどは鬼籍に入ってしまっているのが現実であった。

そんななか、明友会事件当時からの黒澤を知る、稀少な人物と出会った。若い時分から友人付き合いをしていたという。

元三代目山口組北山組舎弟頭の原松太郎がその人で、私が大阪でお会いしたのは令和4年春、黒澤より1歳下の氏は昭和11年生まれ、86歳だった。とうに極道の足を洗い、カタギになって久しいという。

が、矍鑠《かくしゃく》として、記憶力も衰えておらず、何より、そこらの若者顔負けの覇気があった。

原は半世紀以上も前のことを、つい昨日の出来事のように話してくれるのだった。

「古いつきあいですよ。彼が柳川組にゲソづけした頃から知っとって、ワシが『お～い、明』と言ってて、お互い呼び捨ての仲やったね。彼が偉くなる前の話ですよ。

一会の野澤儀太郎の従弟で野澤洋次郎という柳川組の古いしっかりした若い衆がおって、私や黒澤とも仲良くしてたんやけど、昔、彼に聞いたことがあるんや。『いや、黒澤は柳川を「兄貴」と呼んどったけど、柳川組に籍はなかったな』って言うとったから、黒澤は地道組の若頭をしていた佐々木道雄の舎弟になったのが、渡世の正式なスタートですよ。

明友会事件で躰を賭けてね、ワシも彼が長い懲役から帰ってきたとき、大阪刑務所に（放免）出迎えに行きましたよ。車が渋滞するくらい人が出てね、２０００人くらい来てたんやないかな。私が憶えているのは、山口組の直参では正路正雄、岸本才三、西脇和美らが来てましたよ。

夜中の0時に出所してやね、私があとから黒澤から聞いたのは、出てきたその日の朝に、田岡三代目の家に行って挨拶した言うんやな。で、その日のうちに、三代目の盃を受けた、と。彼が言うには、そのとき、三代目からは、

『ええか、石垣は一段ずつ積まなきゃあかんぞ。慌てることはないんやで』と声を掛けて貰ったいうことやったな。

互久楽会の幹部に原田勇というのがおって、これが黒澤にひっついて飛田なんかでよう遊んどったんです。黒澤が出所してきた頃には、もうカタギになっとって、原田建設という建設会社の社長やった。この原田から、黒澤のところに遊びに行こうと誘われて一緒に行ったことがあるん

ですよ。黒澤が帰ってからどれくらい経ったときやったか、大阪・北の黒澤の事務所を訪ねて、そこの3階だったか4階に上がって行ったら、前田和男がテレビを見てて、『兄貴は隣りにおるわ。メシ食ってるわ』って。で、黒澤が出てきよった。おっ、新地へ行こうと、3人で歩いて行った先が、北新地にあった『ダーリン』というクラブですわ。その道中、私が『あんたはワシより偉くなったんやから先歩いて』と黒澤に言ったら、『いやあ、そんなこと言わんでくれよ』と笑っとったのを、今でも憶えてますよ。

で、そのときに、3人で12月会しようや、いう話が出てね、3人とも誕生日が12月で一緒なんですよ。

それから黒澤はまたたく間に売り出しよった。何であんなに売り出していったのか、不思議でしょうがない。彼の服役中に、柳川組が解散して、山口組の本家直参に取り立てられたんが、一会の野澤儀太郎、金田組の金田三俊、章友会の石田章六、藤原会の藤原定太郎で、旧柳川組の四天王と言われとるけど、この4人よりも、黒澤は売り出しよったからね……」

原松太郎翁の話は、私には非常に興味深かった。とりわけ、原氏が黒澤本人から聴いた話として、12年余の服役を終え出所した黒澤がその日のうちに山口組本家に挨拶に赴き、田岡三代目から盃を受けたというのは、初めて聞く話であった。

氏の記憶違いであったとしても、決してあり得ない話とは言いきれず、いずれにしろ、言えることは、出所してきわめて早い時期に三代目の盃を受け、本家直参に昇格したのは間違いないという事実である（すでに黒澤は服役中に本家直参待遇であったという説もあるし、文献等では昭和52年春に三代目の盃を受けたと記載されているものが多い）。

それにしても、明友会抗争で斬り込み隊長をつとめて長期刑を余儀なくされ、シャバに帰ってきたら大阪戦争の真っ只中、出所の1年7カ月後には〝ベラミ事件〟が勃発し、第3次の開幕というのだから、黒澤の行くところ、常に波瀾が待ち受けているというふうで、つまりはそういう星のもとに生まれたということであろう。

「盃を受けたばかりの三代目親分が、ベラミで撃たれたときには、黒澤も肚を括ってましたね。再びジギリを賭けるときが来た、また行くぞ、と。それを見て、ワシらは、出てきたばかりなのに、こいつは凄いヤツやな！　と感服したもんですよ。三代目に目をかけられ、アッという間に、山口組のホープになったいうんも、そこらへんに理由があったんでっしゃろな」

とは、原松太郎の弁だった。

大阪・堺の泉佐野工業高校時代の黒澤は、学業成績は常にトップクラス（1、2年生時は学年で1番、3年時に7番）、統率力に秀で、人望もあって、3年生のときには生徒会長をつとめていた。

その一方で、生来の腕っぷしの強さと度胸の良さで喧嘩も強く、同校の番長を張ったばかりか、近隣の高校の番長たちの上に君臨する総番長でもあった。

近畿大学時代は空手に打ち込んで硬派を極め、喧嘩も負け知らず、〝南海の虎〟の異名をとって、南海沿線の不良グループから恐れられたという。

柳川組との縁も、大学中退後、大阪・キタの麻雀店での喧嘩がきっかけであった。

当時、あり余る若さとエネルギーをもてあまして、愚連隊のような日々を送っていた黒澤にとって、喧嘩沙汰は日常茶飯事、その日そうなったのも、売られた喧嘩を買ったまでのことだった。

だが、その日の相手はどう見ても喧嘩のプロ、つまり紛うかたなき極道で、不良学生あたりとは明らかに様子が違っていた。

「やめとけ！　黒澤、相手が悪いよ」

一緒に麻雀店にいた仲間が、必死に黒澤を止めにかかった。どうやら相手の正体を知っているようだった。

が、黒澤は引く気はない。

「上等やないか！」逆に〝南海の虎〟と呼ばれた男の血が滾《たぎ》るのだ。

これには相手も目を剝いて、

「よっしゃ、表に出ろ！」

2人は連れだって麻雀店を出た。

黒澤の仲間たちは、唖然としてこれを見送るだけだったが、間もなくして我に返ったように、

「あかん！　今日ばかりは黒澤、まずいで」

「黒澤の兄貴は、相手を何者とも知らんのですわ」

互いに顔を見あわせて、

「うーん、どないしたもんかのう？」

と考えていたが、

「よし、どないもこないもない。止めに行かな！」

仲間3人が表に飛び出そうとしたところで、当の黒澤が悠然と店に引きあげてきた。

「お、黒澤、どないした？」

「ああ、叩きのめしてやったわ」

黒澤の返事に、仲間たちは仰天し、

「黒澤、そりゃ、まずいで。あれは柳川組の若い衆や」

「何、ホンマか」当時の大阪の不良連中の間では知らぬ者とてない、「泣く子も黙る」と恐れられた柳川組の名に、さすがの黒澤も、最初は驚いたが、

「向こうが売ってきた喧嘩を買ったまでや。どうのこうの言われる筋合はない」

と平然としたものだった。

「そない言うても、あの柳川組やで。ここら一帯は、柳川組のテリトリーや。ワシら、もうこの雀荘にも来れへんで」

その麻雀店は、黒澤たちが毎日のように通いつめ利用している店であった。店主や他の常連客にも馴染みが多かった。

「何を言ってるんや。そんなの関係ないわ。オレはこの店が気に入ってるんや。オレの遊び場だ。明日もここで打つで」

黒澤は言い張り、その言葉通り、翌日もその麻雀店に顔を出した。

前日の仲間は誰も姿を見せず、黒澤は常連客と麻雀を打ちだした。

しばらくして、黒澤の前に現れたひとりの男をみて、黒澤は心底慄然とした。黒のソフトに黒シャツ、彼が何者であるか、すぐにピンと来たからだ。

それより何より、全身から発せられる、いまだかつて誰からも感じたことのないような殺気、およそ人間の迫力、凄みが違っていた。

「ワシは柳川という者《もん》やが」

柳川次郎が静かに名のったとき、22歳の黒澤は思わず、ああ、オレもいよいよ年貢の納めどきか——と、観念したほどだった。

ところが、柳川の態度は終始穏やかだった。

「黒澤君いうんは、君か？」

「——はあ、自分ですが……」

「昨日はうちの若いモンを相手に、だいぶ派手にやってくれたようやのう。まあ、元気があってええこっちゃ。どや、お互い恨みつらみなしで仲直りしたらどうや！」

「……」黒澤は圧倒されるばかりで、言葉も出てこなかった。

〈なんちゅう貫禄や……裁きも公平なもんや。これがあの〝マテンの黒シャツ〟か……〉

柳川は黒澤の様子に、少し笑みを湛《たた》え、

「どないした？　不服か……」

「いえ、滅相もない。願ってもないことです」

「そうか、ほなら決まりや」

「おおきに。ありがとうございます」

自然に口を衝いて出た。黒澤は初めて会った柳川次郎に心服してしまったのだった。

黒澤が柳川組組長柳川次郎の舎弟となるのは、それから間もなくのことであった。

やがて黒澤は大阪・ミナミや西成の飛田周辺を根城に男を売っていき、〝飛田の帝王〟なる異名をとるまでになったのだった。

黒澤と山口組との縁は昭和34年、彼が23歳のときであった。当時の山口組若頭・地道行雄率いる地道組の若頭をつとめていた佐々木組組長佐々木道雄の舎弟の盃を受けたのである。

柳川次郎の山口組入り（地道行雄舎弟）も、この黒澤と佐々木との縁がきっかけだったという。

2

黒澤のスピード出世は、古い友人の原松太郎を、

「あっという間に売り出しよった。長い懲役から帰って、若い衆も誰もおらんのに……」

と驚かせるほどのものであったが、黒澤が本格的に売り出すのは、3次にわたる〝大阪戦争〟が終結したあとのことである。

若い衆もグンと増えていった。出所後結成した黒澤組に、副長（舎弟）として旧柳川組出身の前田組組長前田和男（のちに黒誠会会長として四代目山口組直系組長に昇格、五代目山口組若頭補佐）を迎えいれたことも、大きな原動力となったであろう。

前田は昭和36年、20歳のとき、二代目柳川組組長谷川康太郎の舎弟となり、間もなくして引き起こしたのが、〝大和郡山事件〟であった。

山口組全国進攻の尖兵として〝殺しの柳川〟と恐れられた柳川が、奈良制圧を図って、同市の二代目服部組組長喜多久一を日本刀で襲撃、刺殺した事件だった。その襲撃隊3人組の1人が前田であった。これによって、彼は懲役11年の刑を余儀なくされたのである。

だが、その服役中、昭和44年に柳川組は解散し、47年9月に出所した前田は帰る場を失った。そのため、谷川康太郎によって預けられた先が、和歌山の佐々木組系奥島連合（大阪・難波）で、前田はその客分となった。

翌48年3月、彼は大阪・北区に前田組を結成、32歳にして独立し、以来、一本独鈷を通してきて4年ほど経ったとき出会ったのが、長期刑から帰ってきた、同じ旧柳川組一門の黒澤であった。

武闘派・前田和男の加入は、黒澤組が躍進をとげるうえで大きな役割を果したのは、確かなところであったろう。

しかし、黒澤が一躍売り出したのは、その戦闘力や経済力だけによるものではなかった。

「山口組に黒澤あり」と広く知られるようになるのは、何よりその傑出した外交手腕、交渉力の賜ものであり、〝山口組のキッシンジャー〟という呼び名の定着がすべてを物語っていよう。

昭和54年4月16日、関西ヤクザ界にとって画期的、いや、歴史的といってもいい出来事が出来した。

山口組首脳陣と、「反山口組」の急先鋒と目されていた関西二十日会（正式名称は「二十日会」）

首脳陣との間で、初の会合が実現したのである。

同日、浅野組組長浅野眞一（岡山・笠岡）、三代目共政会会長山田久（広島）、俠道会会長森田幸吉（広島・尾道）を始め、三代目共政会相談役門広、同副会長薮内威佐男、同副会長近藤篤夫、同理事長片山薫、浅野組舎弟頭千田佳弘、俠道会理事長池田勉ら一行が、三代目山口組組長田岡一雄の病気見舞いのために神戸市灘区にある田岡邸を訪れたのだ。

迎える山口組の顔ぶれは、田岡三代目以下、本部長の小田秀臣、若頭補佐の中西一男、益田佳於、中山勝正、若中の清水光重、熊本親、大石誉夫、木村茂夫、松本勝美、安達晴信、仲田喜志登、黒澤明だった。

双方が田岡邸で顔を合わせると、まず三代目共政会会長の山田久が、田岡に対し、長い間の無沙汰と病気見舞いの口上を述べると、

「私は今でも広島のかたたちと喧嘩をしたなどとは思っていませんよ」

と三代目が、泰然と笑みさえ見せて応えたから、山田久はしばし返す言葉を失った。胸に溢れる万感交々の思い。

浅野眞一、森田幸吉、門広ら、他の二十日会の首脳・幹部たちも同様に、誰もが感無量の面持ちになっていた。

山田が田岡に、その思いを絞りだすようにして、

「そう仰って戴けましたら、私どもの肩の荷もおりたような気が致します。……考えてみましたら、あの広島抗争事件より、本日ここまで来るのに10年の歳月が過ぎました」

と吐露した。

思えば、田岡邸というこの場所に、こうして自分が座って、田岡三代目と対面していることさえ奇蹟としか思えなかった。

過去には、広島の者がこの田岡邸にダイナマイトさえ放りこんでいるのだから、何をか言わんや——山田には隔世の感があり、感慨深かった。

緊張する二十日会首脳にひきかえ、田岡は終始和やかな表情を見せながら、

「揉めごとというのは、ほんのちょっとしたことから起こります。ほんにショもないこと、女をとったとか、とられたとか、足を踏んだとか、踏まれたとか。どんな小さな喧嘩でも放っておいたら、大きな抗争に発展しますから、今後はいかなることでもすぐに話しあいで解決しましょう。そして仲良くやっていきましょう。これを約束ごととして今後は、水魚の交わりをしていきましょう」

と述べたことだった。これには二十日会側も、

「よくわかりました。ありがたいことです。何ら異存ありません」

と応えたのはいうまでもなかった。

ここに、長い間緊張関係にあり、一切交流のなかった山口組と二十日会との緊張状態は解かれ、平和共存への道は開かれたのだった。

それにしても、山口組との間で、〝仁義なき戦い〟といわれる血で血を洗う広島抗争を繰り広げた共政会だけでなく、先の〝大阪戦争〟の抗争相手の松田組、また、その大阪戦争で田岡を狙

撃した〝ベラミ事件〟の実行犯・大日本正義団の鳴海清を匿った神戸の忠成会もまた関西二十日会のメンバーであった。

いわば、かつては全国進攻作戦を展開する山口組の前に立ちはだかるように対峙し、かつ現実にその加盟組織との間で流血抗争を繰り返してきた二十日会と山口組との雪どけなど、本来なら考えられないことだった。

それを可能にしたのだから、画期的な事態であった。

さて、田岡邸での会談を終えた両首脳は、場所を大阪・ミナミの料亭「暫」に移して、同じメンバーによる、「世紀の」と形容できるような食事会が催された。

二十日会側を代表して挨拶に立ったのは、三代目共政会会長山田久だった。

「本日、田岡親分よりお招きにあずかり、かくも盛大なるおもてなしを受けて心より喜んでおります。また、先ほど、田岡親分より、『水魚の交わりをしていきたい』とのありがたいお言葉を戴きまして、感激致しております。私はいま一歩踏み込んで、水魚以上の交わりをしていきたいと思っております」

山田の口上に、満場の拍手が湧きおこった。

かくて両者は、過去を水に流して関係改善を図り、友好関係を結ぶことを確認しあったのである。

仮に今後、山口組側と二十日会加盟団体とが衝突したとしても、すぐに話しあいができるように、両者の間でホットラインが設けられることになった。

その窓口を、二十日会側は森田幸吉、山口組側は黒澤明とすることで、両者は合意し、新たな平和共存時代の幕明けとなったのだった。

そして黒澤こそ、もう1人、両陣営に所属しない第三者の元名和組組長名和忠雄（田岡邸、「暫」の両会合にも出席）とともに、この会談が実現するために奔走、尽力した最大の功労者であった。

名和はその著書『任俠道』でも、こう述べている。

《広島ヤクザと、山口組が友好的な交際ができるようになった陰には、この人!! 黒澤明、黒澤組々長をはずして語ることはできません。黒澤明組長、彼は水戸藩の武士の血筋の流れを引く気骨の水戸っぽ……の出身であります。英才に溢れ、質実剛健の気風を身につけ、己れを磨くことを心がけておった、ヤクザの垢が身についていない男でした。

鉄の意志と根性を持ち、信義に厚く、己れを捨てて事の処理に当る、そんな純心さをこのじぶんは持っておりました。山口組の中にあっても信用できる人物でした》

そもそもの始まりは、昭和53年春、黒澤が、その名和忠雄から一通の手紙を受けとったことだった。

大阪拘置所から送られてきた封筒の裏に書かれた名前を見て、黒澤は、

「ほう！　これはまた……」

懐かしさのあまり、眼を細めた。名和は柳川次郎の兄弟分、柳川組時代から黒澤と親しくしていた男だったからだ。

名和の手紙は、

《尾道の森田幸吉会長率いる俠道会と高知の中山勝正会長の豪友会が抗争と知って、非常に胸を痛めている。森田とは古い親友であるし、中山とも彼が中井啓一会長の中井組若頭をしていたころからの知りあいで、山口組には他にもたくさんの友人がいる。なんとか和解への道筋はつけられないものだろうか》

といった主旨のことが綿々と綴られていた。

このことを山口組のどなたに相談したものか、ハタと考え、思案した末に、私の頭に浮かんできたのが、山口組のなかでも、私とは昔から縁のある貴兄の名だった――とも書かれていた。

黒澤はさっそく返事を書き、それから間もない同年4月25日、名和の面会に大阪拘置所を訪れた。

なんとその日はちょうど名和の釈放の日で、黒澤はそれと知らずに来てしまったのだった。2人はその偶然を喜び、ともに事にあたろうとしている今、何かの運命のように受けとった。

「名和さん、われわれの業界ももう争いの時代じゃないですよ。平和共存、互いに手を握りあって進んで行かなければ、時代に取り残されてしまいます。それはうちの親分・田岡の意向でもあります。その道筋をつけるために努力していく所存ですが、何とぞ御協力願えますか」

「願ってもないことです。私にできることなら、何なりとお申しつけください」

それからというもの、俠道会と山口組豪友会との和解終結に向けて、2人の並々ならぬ奔走が始まったのだった。

3

元名和組組長名和忠雄の動きはすばやかった。大阪拘置所を出るや否や、さっそく行動に移したのである。

名和の仲介で、黒澤が大阪・ミナミのかに料理屋「網元」において侠道会側と初めての話しあいを持ったのは、それから間もなくのことだった。

仲介した名和がオブザーバーとなり、山口組は黒澤の他に、正路正雄、嘉陽宗輝、堀内伊佐夫の直系組長、侠道会からは会長代行の元中敏之が出席し、両者、忌憚のない意見を出しあったのだ。

獄中にある森田幸吉の留守を守り、その全権を任されている会長代行元中敏之は、天下の山口組相手に一歩も引かず、是は是、非は非の原則を貫いたから、山口組の出席者も密かに、

〈ホホー、こらまた、随分筋っぽい男もおったもんやなあ!〉

と唸ったものだ。

森田会長から全幅の信頼を受けて話しあいに臨んでいる元中の意見は、イコール森田の意見であったのはいうまでもない。

是は是、非は非の原則を貫く一方で、なんとか和平の糸口をと願う気持ちは元中にも強かった。

それは兄貴分・森田の意向でもあったから、元中は我を通すだけでなく、歩み寄りということに

も前向きな姿勢を見せた。

山口組側も同様で、平和共存を願う田岡三代目の意を受けて、直系組長たちはそのテーブルに着いているのだが、安目を売るわけにいかないのは、相手方と同じである。

そこをうまく調整したのが名和で、両者の面子を潰さず、顔が立つような案を提示し、双方の了解をとりつけることに全神経を注ぎ、一歩一歩話を詰めていったのだ。

腹を割った話しあいのなかで、黒澤が爽快感にも似た清々しさを味わったのは、元中という人物に対してだった。

「久しぶりに男を見たよ。私は元中代行に惚れてしもうた。見事に惚れさせよった」

思わず漏らしたものだ。

こうして山口組系豪友会と俠道会との抗争は、交渉役の中心を担った黒澤と元中の心が結びあい、意気が融けあったことも奏功し、ついに和解終結へとこぎつけたのだった。

手打ちは、尾道刑務所に服役中の俠道会会長森田幸吉の出所を待って行われることになったのである。

ところが、その間、山口組ばかりか、日本ヤクザ界を揺るがすようなとんでもない事件が勃発した。ドン・田岡一雄が狙撃された〝ベラミ事件〟である。

山口組と松田組との〝大阪戦争〟が再々燃し、第3次抗争の火蓋が切って落とされ、山口組の猛烈な報復攻撃が開始されたのだった。

それによって、豪友会と俠道会の手打ちの件も、いったんはそれどころではなくなりかけたが、第3次大阪戦争はそんなに長くは続かなかった。山口組の一方的な勝利によって事態は急速に収束に傾きつつあった。

森田幸吉が社会復帰したのは、そんなときだった。

ベラミ事件から3カ月後の同年10月10日午前零時、尾道刑務所を出所した森田を、尾道市久保の侠道会本部事務所2階応接間で待っていたのが、黒澤と名和であった。

黒澤にとって、その高い俠名こそ、かねて聞いて知ってはいても、会うのは初めてである。

今回の抗争当事者の豪友会会長の中山勝正をして、

「元中敏之という、あれほどの代行を持った森田幸吉会長とはいったいどんな人物なのか」

と言わしめた男に、黒澤も会いたい気持ちは強かった。まして自分が惚れこんだ元中の兄貴分、どれほど大きな男なのか、興味は尽きなかった。

やがて元中の案内で、その当人が、2階応接間に姿を現した。黒澤と名和がソファーから立ちあがった。

親友の名和に目を止めた森田は、破顔一笑し、

「おお、名和さん、いろいろ御面倒かけて……」

ガッチリ握手しあうと、名和はすぐに黒澤を森田に紹介した。

「森田会長、お疲れ様でした」

「ああ、黒澤さん、このたびはうちの元中が何かとお世話になったようで、なんとお礼を申していいか」

「何を仰いますか。私のほうこそ」

2人は初対面の挨拶を交わし、万感の思いをこめて手を握りあった。

それを見つめる元中の目も潤んでいた。

それから1週間後の10月17日、森田は服役暮らしの疲れもものかは、代行の元中とともに神戸の田岡邸を訪れた。田岡の見舞いと併せて今回の豪友会との抗争が和解終結したことへの礼を述べたのだ。

ベラミ事件で負った首筋の傷も癒えて、田岡は森田に対し、終始和やかな表情を見せた。

豪友会と俠道会の手打ち、関西で言う〝毒流し〟は、大阪戦争がいまだ完全終結を見ていないという状況を鑑み（山口組の抗争終結宣言は翌11月1日のこと）、正式な儀式は執り行わずに、田岡邸近くの喫茶店にて簡単に行われた。当事者同士が手を握りあってけじめとしたのだ。

その後、場所を移して、神戸の山の手の料理屋において会食の席が設けられた。テーブルに着いたのは、手打ちに至る奔走人ともいえる黒澤、名和の他に、山口組側は中山勝正、二代目梶原組組長仲田喜志登（神戸）、五代目角定一家総長木村茂夫（会津若松）、神田組組長神田幸松（姫路）、俠道会側は森田幸吉、元中敏之であった。

この手打ちをきっかけにして、山口組と広島の三代目共政会や岡山・笠岡の浅野組との交流が生まれ、さらには山口組と関西二十日会との歴史的な雪どけ、平和共存への道が開かれていくのだから、意義深かった。

その実現のために、第三者である元名和組組長名和忠雄の協力を仰いで奔走し、最大の陰の立役者となった黒澤の果たした役割が、いかに大きかったことか。

そもそも「関西二十日会」が下関の初代合田一家総長合田幸一の呼びかけで発足したのは、昭和45年のことだった。

加盟した独立9団体は、二代目松田組（大阪）、忠成会（神戸）、二代目松岡組（加古川）、二代目木下会（姫路）、浅野組（笠岡）、三代目共政会（広島）、合田一家（下関）、工藤会（北九州）、四代目大嶋組（神戸）であった（この当時、〝第3次広島戦争〟で共政会と抗争中だった侠道会は、昭和47年5月に至って抗争が手打ちされたのち、正式に二十日会に加盟している）。

結成当時、二十日会は次のような方針を掲げて、山口組と対峙した。

一、加盟団体相互の友好関係を密にすること

一、各組織の固有の伝統と代紋を重んじ、進出主義はとらない

一、進出をもって臨む組織には、団結して「力には力を」の断固たる抗戦姿勢をとる。

つまり、加盟団体同士は「侵さず、侵させず」であり、文中の「進出をもって臨む組織」とは三代目山口組を指していた。明らかに二十日会の立ち位置は、反山口組攻守同盟であった。

昭和50年7月から53年10月にわたって、二代目松田組が三代目山口組との間で〝大阪戦争〟を繰り広げたとき、関西ヤクザ界で流れた噂も、

「二十日会が松田組に助っ人を送り込む」

「最悪のケースでは、山口組と二十日会の全面戦争に突入する」

というものだった。それほど世間からは、〝反山口組〟色が強いと見られていたのが、二十日

会であった。

だが、実際は田岡を狙撃した鳴海清を匿った忠成会を除いては、どこも松田組を支援するところはなかった。逆に、俠道会と山口組系豪友会との抗争の手打ち話が、まさに行われている最中にあり、〝大阪戦争〟が終結すると、山口組と二十日会のデタントは一挙に進んでいく。

二十日会の加盟メンバーも変わって、〝大阪戦争〟の終結直後には、当事者である松田組、忠成会、加えて二代目松岡組も脱会し、のちには愛媛・松山の兵藤会が新たに加入することになる。

そして昭和54年4月、両者はついに奇跡とも思える友好の絆を結ぶに至ったのだ。

二十日会首脳陣が神戸の田岡邸を訪問して田岡と会見し、そののちに大阪・ミナミの料亭で合同食事会を催して平和共存を確認しあい、有事の際には、黒澤明と森田幸吉とが話しあいの窓口となり、両者の間でホットラインを引くことで合意、関西ヤクザ界は新たな時代を迎えたのだった。

4

黒澤の卓越した外交手腕を指して、誰が言うようになったのか、おそらくマスコミあたりが最初と思われるが、その名も〝山口組のキッシンジャー〟とは、言い得て妙であったろう。

ヘンリー・キッシンジャーと言えば、東西冷戦の真っ只中、米国務長官や大統領補佐官（国家安全保障問題担当）をつとめた外交の巨人として知られ、歴史的な米中和解を実現させた最大の陰の功労者だった。

そのキッシンジャーに擬されるほど、田岡一雄の意を受けての黒澤の外交手腕、交渉力は抜きん出ており、その活躍は目ざましかった。

昭和54年9月には、山口組に新設されたポスト――「本部長補佐」に抜擢され、関係筋をアッと驚かせた。13年近い長期刑から社会復帰して、まだ丸3年にも満たないわずかな期間であることを考えれば、異例のスピード出世であった。

本人の実力・器量の賜ものと言ってしまえばそれまでだが、〝山口組の知恵袋〟と評された本部長の小田秀臣にも匹敵する頭脳回転の速さ、資金力、組織力ともに山口組の若手では図抜けているというのが、周辺の専らの評だった。

田岡三代目の信頼もことさら厚く、山口組内での人望に留まらず、他の組織の親分衆からも、「将来の山口組を背負って立つ器量の持ち主。〝山口組のキッシンジャー〟の呼び声もむべなるかな。調停役として信用でき、高く評価できるのも、一にも二にも彼が信義を重んずる男であるがゆえに――ですよ」

との声があがったものだ。

そんな黒澤明率いる黒澤組に対し、大阪府警は、山口組壊滅作戦の重点対象組織に指定、その動向を常にマークするようになっていた。

というのも、同組が関西を中心とした企業の倒産整理や債権取り立てに暗躍、豊富な資金力を擁しているとの実態を摑んだからだった。

このことが表面化したのは、昭和54年11月、大阪・日本橋にある経営不振の電機器具販売会社のビル乗っとり事件に絡んで、黒澤が公正証書原本不実記載などの疑いで逮捕されたことからで、地元紙担当記者によれば、

「その以前から、各地の会社の倒産整理に、黒澤組の影がちらついていたことから、大阪府警も、摘発の機会を窺っていたという事情があるんです」

とのことだった。

府警捜査四課が調べたところ、金融業を表看板に、不動産会社など5～6の系列会社を中心に「ワイエムケイグループ」という組織を結成、業界情報や倒産ニュースなどを交換していたことが判明した。

このグループの各社が、経済界に張り巡らせた〝アンテナ〟の役目をするわけで、

「どこそこの会社が経営不振に陥っていて、潰れかけている」

「あそこの会社が融資を求めている」

といった情報を齎《もたら》すのである。

そして、このアンテナに引っかかった会社に対し、倒産整理に乗り出し、法律知識を駆使して事に当たり、うまいこと事態を収拾させ、シノギに結びつけるというやり方だった。

「会社整理屋は関西だけで大小合わせて40～50グループあるが、黒澤組関係はその中でもトップクラス、最近では首都圏の企業の倒産整理にも暗躍しているほどだ」

とは、消息通の話だった。

大阪府警の分析では、こうした会社整理や債権取り立て、金融関係など経済界と接した資金源から捻出される金は莫大なもので、その潤沢な資金力を背景に山口組内での発言力を増し、次代の若頭補佐の有力候補に浮上した——とのことだが、例によって警察の見方は一方的で、資金力だけで山口組最高幹部の座が保証されるはずもなく、取締まる側からの独断と偏見に充ちている。

前出の消息通によれば、

「黒澤組といえば、金融・会社整理が主な資金源《シノギ》であることは、その筋では知れ渡っている。合法・非合法スレスレだが、会社側から整理を依頼されるケースが多く、長びく不況のせいで、近年、整理屋に進出する組織は多い」

とのことだが、いずれにせよ、黒澤の場合、短期間のうちにここまで伸しあがったのは、〝山口組のキッシンジャー〟としての〝顔〟が大きく物を言ったのは間違いのないところであろう。

昭和54年11月、黒澤が公正証書原本不実記載なる無理筋の容疑を付されて逮捕されたのは、果たして彼にとって不運なことであったのかどうか。

必ずしもそうとはいい切れないのは、まさにその時期、折も折、黒澤の命を狙って暗躍していた男がいたからだった。

男の名は天野洋志穂、2年半前の52年4月、山口組から絶縁されたボンノこと菅谷政雄率いる菅谷組の幹部であった。

絶縁状が出ても、ボンノは引退も菅谷組の解散も拒否して、一本独鈷のままヤクザ渡世を張り続けていた。むろんそれがヤクザ社会で通用する話ではなく、山口組にとっても座視できることではなかった。

ボンノが絶縁された翌年に起きたベラミ事件で、田岡狙撃犯がどこの何者とも知れぬとき、山口組から真っ先に報復攻撃を受けたのは、菅谷組であった。

事件の翌日、神戸の菅谷組若頭代行の赤坂一夫宅に、山口組山健組系列組員3人が乱入、二階に向けて拳銃数発を乱射したのだ。

菅谷組はベラミ事件とは何の関係もなく、結果的には筋違いの報復攻撃であったが、絶縁状が出ても引退も解散もしない菅谷組に対する山口組の姿勢を、如実に表していた。

そうした状況下、かつては山口組屈指の権勢を誇った菅谷組も、1年、2年と経つうちに、当初はいなかった離反者も出始めており、全盛時の威光は次第に失せていた。

昭和54年9月、ボンノが出資法違反による懲役1年半の刑で服役を余儀なくされた頃には、その傾向にさらに拍車がかかった。

山口組によるボンノ引退・菅谷組解散に向けた水面下の切り崩し工作も、活発化していた。

そんな折も折、天野洋志穂は、元の兄貴分であり、菅谷組若頭補佐の〝サージ〟こと生島久次から、

「おい、洋志穂、ボスをさっさと引退さそうと絵を描いとるヤツがおるで。菅谷組を解散さそうと裏で一番動いとるヤツや。誰やと思う?」

と訊かれた。「ボス」とは、2人の親分である菅谷政雄のことだった。

「さあ、知りまへんな。誰でっか?」

「黒澤明やないかい。あれが元凶や」

「ホンマでっか。あの黒澤はんが……山口組でも目下売り出し中と言われとるお人やないでっか」

「何が売り出し中や！　ボスに引導を渡そうとしとるヤツやないかい！　これを潰《イワ》さん限り、どもならん。ボスは終わってまうで」

要するに、生島サージは天野を刺客に仕立て、黒澤を葬ろうとしているのだった。

確かに生島は菅谷組解散反対派の急先鋒と目されていた。それはボンノが府中刑務所を出所して、出処進退が注目されていた時期、大阪・ミナミの生島組事務所に銃弾を撃ち込まれたことでも明らかだった。

ただ、黒澤が菅谷問題で奔走している中心人物かと言えば必ずしもそうとは言い難かった。そのへんの事情や生島サージの思惑が奈辺にあるのか、天野には知るよしもなかったが、

「そら、許せまへんな。ボスを守るためなら、ワシ、やりまんがな」

と、ただちに決断していた。

〝ボス〟の菅谷政雄に惚れ込んで、ボスに心酔し、山口組も絶縁も何も関係なく、ただただ「菅谷政雄・命」という男が天野だった。

40歳を目前にして躰をかけるのは、決して若くはなかったが、生島サージのためではなく、ボスのためなら何ら厭わなかった。

決行に当たって、生島組の若頭をつけるというサージに対し、

「いや、ワシ1人で殺《や》るさかい、若頭は見届けてくれるだけでええ」

と言いきった。

天野は黒澤との交流はなく、ただ初犯のとき、大阪拘置所で一緒だったという記憶があった。黒澤は明友会事件で襲撃隊の指揮をとったことで逮捕され、収監されていたのだ。そのとき、黒澤が面会のため天野の舎房前を歩いていく姿を目にしたこともあったという。

私が天野から聴いたのは、

「拘置所で黒澤さんはシャリ抜きしとったな。ハンスト（ハンガーストライキ）や。保釈が効かなかったんか、官と何かあったんか、外へ出て何かやらななならんことがあったんか知らんけど、そら、水以外は何も口にせんで何日間も、いや、もっとか、そうやって過ごすんやから、衰弱もひどくガリガリに痩せ細って危なかったとも聞いとるで。それでも最後まで音をあげんで続けたそうや。ものすごい意志の強さと根性の塊や。ワシはまだ20歳やそこらの子どもやったさかい、ビックリしたよ。凄い人がおるもんや、と。あれから半世紀も経っとるのに、今も印象に残っとるよ」

とのことだった。

さて、サージに空気を入れられ、黒澤の命《タマ》を奪《と》る決断をした天野、黒澤が夜な夜な繰り出す大阪・北新地の地下1階のナイトクラブ「ダーリン」の場所も確認し、見届け役の生島組若頭とともに店に張りつき、いよいよ決行しようとしたその夜――。

拳銃を懐に隠し持った天野の前に、黒澤はついに姿を見せなかった。

「おかしいな。今夜に限って来よらへんとは……何があったんや？」

天野は首を傾げた。

その答えを天野が知るのは、翌日の新聞でだった。それが件の「公正証書原本不実記載の疑いで黒澤逮捕」の記事であった。

見方を変えれば、黒澤はあわやのところで、間一髪のところで難を逃れたのである。

日本橋署に逮捕された黒澤は、起訴猶予となり、22日間の勾留でシャバに帰ってきた。

天野が私にこう続けた。

「で、ワシが生島に、黒澤はん、帰って来ましたで。もう1回行きまっか――言うたんや。そしたら生島は、もうええねん、て。何や、ボスを守るためやなかったんかいなと、ワシは何度でも行くつもりでおったわけや。けじめつけなならんて。せやけど、そのうちに、生島と黒澤はんが仲良うしとるいう話も聞こえてきた。何のことはない、シノギでぶつかっとったんで、ワシに殺《や》らそうとしとっただけのことなんや。2人とも倒産整理やら、似たようなシノギしとったさかいな。話がついたっちゅうことやったんやろ。アホくさ。まあ、結果的には、おかげでワシも長い懲役行かずに済んだわけや……これも天命。黒澤はんとはそれだけの縁やったわな」

5

昭和54年4月、関西二十日会の有力メンバーが神戸の田岡邸を訪ね、三代目を見舞ったことを契機にして、山口組と二十日会との間で一挙に友好ムードが高まっていく。

両者のトラブルはそのつど話しあいによる収拾策がとられるようになり、早期解決へと繋がって行ったのだ。

双方の平和共存路線の主旨は、

「これまで各地で引き起こされた抗争のなかには、トラブルが持ちあがった時点で解決の糸口が摑めず、2次3次へと拡大していったケースが多い。話しあいのチャンスがあれば、未然に防げた抗争もいくつかあった。

二十日会加盟団体の下部組織が山口組とのトラブルを招けば、喧嘩以前に双方に通じるパイプによって話しあいのチャンスが持てる。それがお互いの抗争防止にもなり、和解への早道となる」

というものだった。

そのため、山口組は〝キッシンジャー〟黒澤明、二十日会側は俠道会の森田幸吉がそれぞれのパイプ役となり、以後の山口組VS二十日会系の抗争を早期和解に持ち込み、平和共存路線を堅持していったのである。

それまで両者の間には一切つきあいがなかったのに、二十日会メンバーが田岡邸を訪ね見舞った日を境にして、双方が義理がけを行うまでになったのだ。

ところが、交流が始まった翌55年5月、そんな両者の関係を切り裂くような事件が勃発する。

〝姫路事件〟である。

5月13日夕刻、姫路の二代目木下会会長の高山雅裕と組員1人が、組事務所を出たところを襲われて射殺され、一緒にいた同組員3人も重傷を負ったのだ。

事件発生当時、実行犯は不明で、どこの何者の仕わざなのかもわからなかった。

が、誰もが関連性を疑ったのは、4カ月前の55年1月、岡山県津山市内で起きた事件であった。山口組若頭補佐をつとめる姫路の竹中正久率いる竹中組の津山支部幹部ら2人が、関西二十日会加盟の木下会系組員によって射殺された事件である。

しかし、この〝津山事件〟は、数日も経たないうちに手打ちが成立していた。

では、いったい誰が殺《や》ったのか？

森田幸吉はさっそく山口組のパイプ役である黒澤と連絡をとった。黒澤からの返答は、

「あの事件は、竹中組はやっておりません。竹中自身がうちの親分にそう言っておりますし、間違いありません」

ということだった。

〝姫路事件〟の実行犯が明らかになるのは半年後のことで、事件は竹中組によって行われたものと判明するのだ。

その時点で、黒澤は森田から、

「今後、おたくとのつきあいはやめさして貰います」

と、はっきり申し渡しを受けた。さすがに黒澤も、これには、

「わかりました。また機会が訪れましたら、おつきあい願います」

と応えるしかなかった。

二十日会側にすれば、どう見ても事件が竹中組の手打ち破りとしか受けとれないのだから、怒りも無理なかった。

後年、森田は週刊誌のインタビューで、この当時の心境をこう述べている。

「釈然としないものが残りましたよ。最高幹部が率いる組織が、和解した組のトップを殺したわけだから。それも、木下会は、関西二十日会の加盟団体ですよ。しかも、その津山事件の和解は、あえて言うなら、田岡親分のツルの一声で成立したものです。

また、私らが54年4月に田岡組長をお見舞いした、その2カ月ぐらい後に、田岡組長と殺された高山会長はちゃんと会っとるんですが、そのとき私たちに田岡組長が話されたことと同じ話をして、決めごとをしておるんです。その際、高山さんを案内したのが、竹中組長だった。

しかしながら、この姫路事件は山口組内部でなんら処分問題も起こらず、津山事件であれほど太っ腹の解決をつけた田岡組長も、長年の闘病生活で、肉体的、気力的に弱くなっていたのではないでしょうか。間もなく、病状が悪化して亡くなられたから……」（「週刊大衆」昭和60年9月9日号）

しかし、〝姫路事件〟は果たして竹中組の単なる「手打ち破り」であったのかどうか。実はもうひとつ、別の真相も隠されていたのである。

そこには、〝津山事件〟の手打ちに関する双方の解釈の違いもあったようだ。

〝津山事件〟の仲裁人となったのは、山口組の長老で竹中の姫路の先輩でもある三代目舎弟・湊組組長の湊芳治だが、木下会会長の高山雅裕は、竹中組津山支部幹部を射殺した当事者組長の小指と香典を差し出し、竹中に会って詫びを入れた。さらにその席で、高山は事件に関与した組員の絶縁処分まで申し出た。

そのとき、仲裁人の湊が、「絶縁までせんでも」と言葉を挟んだ。

これを竹中は「絶縁までしなくても破門でいい」と受けとり、高山のほうは「処分は必要なし」ととってしまう。

いつまで経っても破門状が回って来ない竹中組は、「手打ち条件の不履行」と断じ、高山襲撃に走り、けじめをつけたのだった。

だが、二十日会側にすれば、その行為は、竹中組の手打ち破りとしか映らず、友好関係の断絶どころか、強硬論も出るようになって、あわや一触即発の状態となったのだ。

そうならなかったのは、当事者間で和解が成立したからだった。昭和56年3月、大崎圭二が三代目を継承した木下会と竹中組との間で手打ちとなり、すんでのところで事なきを得たのである。

このときはかなり厳しい状況があったようで、山口組と二十日会との交流に際して、黒澤とともに一役買った元名和組組長名和忠雄も、著書の『任侠道』でこう述べている。

《高山会長殺害後に木下会が腰をあげていたら？　関西二十日会は、こぞって山口組と抗争の火ぶたを切っていたことでしょう。浅野組も二代目を継ぎ、木下会も三代目を継ぎ、関西二十日会の結束が今一歩、という時期であっただけに、救われた、抗争を回避できた……と思っております。

過ぎ去りし日々は怨みも喜びも過去の彼方へ、忘却となって流れてゆきますが、田岡親分の一周忌をひかえ、累卵の危機を孕んでいた？　……あの当時を思うと、背筋が寒くなるかんじがいたします》

〝姫路抗争〟が竹中組と木下会との間で手打ちが成立したことで、黒澤は森田と話しあいを持ち、以前通りのつきあいを申し出た。

森田も気心が知れ、意気が通じあうようになっていた黒澤に対して、その顔を潰すような真似はできず、

「わかりました。よろしくお願い致します」

と応え、両者の交流は復活したのだった。

黒澤は信義を守る男として、二十日会からの信頼も厚く、やはり彼なくして1度切れかかった絆を取り戻すことは難しかったかも知れない。

両者のつきあいは復活し、またぞろ黒澤と森田は、以前にも増して連絡をとりあうことになる。

田岡一雄が関西二十日会と親睦を深めることに、亡くなる直前まで強い意欲を見せていたためだった。

もとより関西二十日会のほうも、願ってもない話で、一時は俠道会や共政会、浅野組だけでなく、工藤会や合田一家を始め各代紋頭が田岡三代目を見舞うことで話が固まり、黒澤と森田を通して、その日時まで決まったことがあった。

だが、その日が近づいたとき、田岡の病状がにわかに悪化してしまい、実現は叶わなかった。

黒澤は森田に連絡を入れ、

「親分の具合いが思わしくありません。皆さんとせっかくお会いしても、失礼なことがあっては困ります。もう少し躰の調子が良くなったときに、改めて日時を決めましょう」

と伝えた。

その後、田岡の体調が少し回復したのを見計らって、両者で日程を調整し、再び会う日時を決めたのだが、同じ事態になった。田岡の病状は、とても人と会えるような状態ではなかった。

黒澤が森田に、

「どうしても無理ですわ」

と絞り出すように告げた言葉には、無念さが籠っていた。

数日後、田岡一雄は危篤状態に陥り、間もなくして入院中の尼崎市の関西労災病院で、フミ子夫人ら家族や最高幹部、主だった直系組長に見守られながら息を引きとった。

昭和56年7月23日午後7時31分のことである。享年68。死因は急性心不全だった。

黒澤は哀しむ間もなく、次々に訪れる弔問客の応対や通夜・密葬の準備に忙殺された。

多くの親分衆を始め、三代目と親交のあった政・財界人、芸能人らの弔問が絶え間なかった。

俠道会会長の森田幸吉が共政会会長の山田久と連れだって田岡邸を弔問に訪れたのは、翌日のことだった。

焼香を終えた両人を新神戸駅まで送ったのが、黒澤である。

森田、山田と同じ車に乗りこんだ黒澤は、車中で、2人に、

「うちの親分は、関西二十日会の頭首の方たちとお会いするのを大変楽しみにしとりました。そして元気になったら、九州に行って、工藤会工藤玄治会長を表敬訪問したい、と言っていたんですよ」

と言った。おそらく一睡もしていないであろう、その眼は腫れていた。

「そうでしたか……」森田と山田が、感慨深げに頷くと、黒澤は、

「もうひとつ言ってたのは、稲川（聖城）会長と住吉連合の堀政夫代表が、今以上に深いつきあいをしてくれるよう、ワシが東京に行ってその席を作りたいんや――ともしみじみ言うてました」

「ほう、そがいなお気遣いを……」

「そうなんです。親分は、この3つがワシの最後のつとめや、と、最後の最後まで口にしてましたよ」

「さすがは日本一の親分や。業界の平和共存いうことを最後まで考えられとったんですなあ」

「親分の思いを実現できず、私ら若い者は本当に残念でなりません」

黒澤の眸《ひとみ》からは、今にも涙が滴り落ちそうだった。

6

田岡一雄の公式の場への出席は、亡くなる22日前、昭和56年7月4日、神戸市灘区篠原本町の

通称〝田岡御殿〟、田岡邸で執り行われた盃の儀式が最後となった。

沖縄の二代目旭琉会会長多和田真山、神戸の三代目山口組系二代目吉川組組長野上哲男、大阪の二代目澄田組系二代目藤井組組長橋本實の3人による五分兄弟盃である。

多和田真山は沖縄最大の独立組織のドン、野上哲男は三代目山口組の直参組長、橋本實は山口組とも縁の深い二代目澄田組の若頭だった。この3人が田岡三代目を後見人として五分兄弟盃を交わしたことの意味は、ことのほか大きかった。

それはとりも直さず、旭琉会と山口組が過去の因縁を水に流して、友好関係を確立したということに他ならなかった。つまり、沖縄第4次抗争——二代目旭琉会と三代目山口組大平組系上原組・同大平組系琉真会との実質的な手打ちを意味した。

当初は旭琉会と元旭琉会上原一派との〝内ゲバ〟的な構図であった第4次沖縄抗争は、上原組と元東亜友愛事業組合沖縄支部の琉真会が山口組系大平組傘下となることで新たな展開を迎え、泥沼と化したのだ。

昭和52年1月から9月初めまでのわずか8カ月間で23件の抗争事件を引き起こし、15件で拳銃が使用され、カービン銃や手榴弾まで登場、死者1人とはいえ、殺されかけた者は23人を数えた。

沖縄県警は徹底した取締まりを強化、頂上作戦も開始して、旭琉会、上原組、琉真会の首脳陣を狙いうちにして軒並み逮捕に踏みきった。武器の摘発にも力を入れ、銃器捜査班は、1年足らずの間に、真正拳銃45丁、カービン銃など14丁、実弾2094発を押収した。

検挙者も首領17人、幹部146人、組員425人の計588人に達したのだ。

これによって、旭琉会、山口組系上原組、琉真会ともに大打撃を受け、戦力は大幅にダウン、組織も疲弊し、抗争継続は不可能とも見られた。

沖縄最大組織の旭琉会はともかく、トップや幹部のほとんどが逮捕、あるいは指名手配を受けている上原組や琉真会は、もはや組織の体をなしていないも同然だった。

だが、両組織のバックにいるのは、日本最大組織の山口組である。その支援で以って組を立て直し、いつまた抗争が再燃するか、わかったものではなかった。

手打ちもないままに、沖縄ヤクザ界は無気味な長い抗争なき時代が続いていた。

そうした状況下、けじめをつけるようにして、神戸の田岡邸で執り行われたのが、三者五分兄弟盃であったのだ。

儀式では、田岡一雄が後見人、三代目山口組若頭補佐の山広組組長山本広が取持人、同若頭補佐の豪友会会長中山勝正が推薦人、同本部長補佐の黒澤組組長黒澤明、二代目澄田組組長金崎善夫が奔走人、日本国粋会三重県本部長の伊勢紙谷一家北角組代行村田昌久が媒酌人をつとめた。

また見届人として、三代目山口組若頭補佐兼本部長の小田秀組組長小田秀臣、同若頭補佐の竹中組組長竹中正久、同若頭補佐の加茂田組組長加茂田重政が列席、盃の式典を見届けたのだった。

後年、沖縄ヤクザ界を統一し、旭琉會会長となる二代目旭琉会理事長富永清も、この盃ごとに立会人として列席した1人であった。他の幹部3人とともに沖縄から多和田に同行したのである。

同日午前11時から田岡邸2階大広間において執り行われた、このヤクザ界で注目必至の三者兄弟盃。

立会人としてそれを目のあたりにした富永は、感無量であった。

この兄弟盃実現のために、沖縄サイドでひとつひとつハードルをクリアしていき、誰より奔走したのが、理事長の富永だった。

そんな事情を薄々知っている黒澤が、盃終了後、富永に声をかけてきた。

「理事長、御苦労さんでした。長いこと懸案だった沖縄問題がようやく解決できて、うちの親分もホッとしとりますわ。おかげさんで親孝行さして貰いました。おおきに」

「何を仰いますか。自分らのほうこそ、三代目の親分には、沖縄の和平に心を砕いて戴いて、感謝に絶えません」

礼を言いつつ、富永が驚いたのは、〝山口組のキッシンジャー〟と言われる人の洗練された物腰、品格、インテリジェンスに充ちた所作だった。

〈なるほど、山口組がどこが違うかって、ここだな。ただ、兵隊が多くいればいいって話じゃない。要は人材だ。山口組は人材の宝庫ってわけだな……〉

富永は改めて感慨を覚えずにはいられなかった。

この日からちょうど5年後の昭和61年7月28日、私は旭琉会の富永清理事長を取材するため、相棒のカメラマンとともに沖縄市の富永一家事務所を訪ねていた。

その相棒こそ誰あろう、前年の1月に、フィリピン・ホロ島でゲリラに捕まり、1年2カ月もの捕虜生活を余儀なくされた石川重弘カメラマンであった。

この3月、黒澤や野村秋介らによって救出され、晴れて自由の身となって帰国したのだが、も

ともとがフリーカメラマン、そろそろ仕事を始めようかという矢先、

「それなら石川さん、僕の取材の撮影をやりませんか」

と、私が無理やり誘い、沖縄に引っ張ってきたという次第だった。

石川にとって、ゲリラから解放され、社会復帰してのちの初仕事であった。

沖縄市の富永一家事務所で、私が石川を富永に紹介すると、彼はすぐにわかったと見え、

「ああ、黒澤さんたちがフィリピンでゲリラから救出したっていう、あのときの……」

と言って、パッと顔を輝かせた。そのことは4カ月前、マスコミでも大きく取りあげられ、話題になっただけに、憶えていてくれたのだった。富永は懐かしそうに、

「黒澤さんはお元気にしていますか」

と訊くので、私と石川が、

「はい。元気にやっておられます」

と応えると、富永は頷いて、

「我々の業界からすれば、本当に惜しい人に去られてしまったということですよ。あんなに出処進退の潔いというかな、見事な処し方ができる人っていうのもなかなかいないでしょ。まして一番いいとき、まさにこれからっていうとき、身を引いたんだから、誰にでもできることじゃない。まあ、人物でしたよね。ゲリラから日本人青年――あなたを救出したっていう一件にしても、彼ならさもありなん。何せ〝山口組のキッシンジャー〟と言われた人ですから。私は個人的にも、あのかたには非常にいい印象を持っていますよ」

富永は、私のパートナーのカメラマンとして、石川が来た奇遇もあって、ひとしきり黒澤のことを語った。

「カタギになったとはいえ、黒澤さんならまたお会いして酒でも飲みながら御一緒したいと思いますからね。あのかただけですわ。業界を途中で去って行った人で、そう思えるのは」

この富永の黒澤評が、端的にその人物像を伝えているような気がしたものだった。

7

〝不世出のドン〟としてヤクザ界に君臨した三代目山口組組長田岡一雄の死は、山口組に多大なる混乱と混迷を齎《もたら》した。

翌57年2月4日、跡目の〝絶対的な本命〟と目されていた若頭の山本健一が、持病の肝臓病を悪化させ、あとを追うようにして急逝すると、山口組の混乱と混迷状態になお拍車がかかった。

同年6月、山口組は最高幹部会において、若頭補佐の山本広を三代目山口組「組長代行」、若頭補佐の竹中正久を同「若頭」に決定した。他の6人の若頭補佐――小田秀臣、中西一男、益田佳於、加茂田重政、中山勝正、溝橋正夫は「組長代行補佐」という新ポストに就任した。

これによって、四代目決定までの山本広組長代行――竹中正久若頭という暫定体制が敷かれたのだった。

だが、それから間もなくして、山本広組長代行派VS竹中正久若頭派の跡目争いが起こり、やがてそれは、水面下での激しい権力闘争へと進展していく。

両派の確執はついぞ妥協を見ることはなかった。

かつてあれほど一枚岩の団結を誇った山口組が、四代目山口組と一和会に分裂するのは、昭和59年6月、田岡三代目の死から3年後のことだった。

挙句、一和会ヒットマンによる四代目山口組竹中正久組長射殺事件が勃発、それを発端にして、警察庁をして、

「ヤクザ抗争史上最大にして最悪」

と言わしめた血で血を洗う骨肉の〝山一抗争〟へと発展するのだ。

図らずも田岡亡き直後、兵庫県警マル暴（暴力団対策課）捜査幹部が語った、

「山口組は田岡三代目を頂点にピラミッド型の支配体制をとってきた。それが要役を失った今、確たる後継者を欠き、数人の最高幹部らによる集団指導体制に移行しつつある。人事を巡る派閥争いを招くことになるだろう。すでにその兆しも見られる。それはやがて、マンモス組織の自壊現象を露呈することになるだろう」

との予見が的中する形となったのである。

そうした状況を尻目に、黒澤明は田岡が望んだ平和共存路線の遺志を受け継いで、引き続き対外的な交渉役の担い手となった。他組織との対立抗争における山口組側の調停役として、あるいは各義理ごとにも出席するなど、変わらぬ活躍を見せていた。

昭和58年度も、いくつかの抗争事件や揉めごとの和解収拾に際して、山口組側の窓口となって

奔走、また秋には、関西二十日会の三代目浅野組串田芳明組長襲名披露に列席し、お祝いの挨拶を述べている。

だが、その一方で、山口組の四代目問題はいよいよのっぴきならない事態となっていた。

水面下で山本広組長代行、竹中正久若頭両派の結束固めや中間派組長への多数派工作が活発化し、両派の対立はより尖鋭化し、跡目争いは激化していく。

翌59年になると、フミ子未亡人は三代目の遺言として「竹中四代目」を表明、はっきりその意向を打ちだし、竹中若頭派も〝竹中四代目〟実現に向けて遮二無二動きだすのだ。

そして5月末、確定したのは、6月5日の山口組定例会において四代目問題が議題に出され、竹中四代目が決定する——というものだった。

5月末の同じ頃、山本広組長代行派も主だった親分衆が、神戸市東灘区魚崎北町の三代目山口組佐々木組組長佐々木道雄邸に集結していた。

六甲山の麓近くの高級住宅街の一角、大きな門構えの鉄筋2階建の佐々木邸に次々と高級外車が到着し、親分衆が姿を現した。その顔ぶれは、山本広、加茂田重政、中井啓一、白神英雄、小田秀臣、黒澤明、加茂田俊治、松本勝美……等々、およそ40人。

親分衆を門前で出迎え、邸内に案内する役目は8人の佐々木組若頭補佐だった。彼らは全員が懐中に拳銃を忍ばせ、佐々木邸内外の警備に当たっていた。

山広代行派親分衆が会合を持ったのは、佐々木邸1階奥の60畳大広間だった。

いったいそこで何が話しあわれたのか。

外で警備に就く佐々木組幹部とて気になるところで、彼らのなかには、一カ所だけ奥の広間が覗ける板塀の隙間にへばりついて、中の様子を伺う者も出てきた。広間との距離は約5～6メートル。広間の窓が開け放たれていたことで、話し声も断続的に聞こえてきたのだ。

佐々木組若頭補佐の小田悦治も、そうやって板塀で耳を傾けていた1人だった。彼は著書（『極道の戦場　手記・山一抗争』宝島社）でこう述べている。

《……誰かは分からないが大きな声が聞こえてきた。

「だいたいやな、三代目の遺言やなんて初めて聞くわな。ええかげんなことを言うもんじゃ」

次に別の声で、

「姐さんも最近何か血迷うとるわ。組を割るなというのがお父ちゃんの意志やどないやかやと言うといて、山口組を私物化しとるのんは当人やいうことに全く気がついとらんからのう」

アルコールが入っているのだろう、広間の様子はかなり興奮した状態になってきている。別の親分衆の声が聞こえてくる。

「七月の葬儀の一件はほったらかして、何を慌てて今更六月五日の定例会で四代目を姫路（竹中正久）やと決定するんや」

当時、三代目の舎弟が亡くなっており、その葬儀を組が執り行う予定で他組織に連絡までしておいたのをほったらかして、急に四代目の跡目決定を急ぐのは筋が通らないというのである。

板塀の隙間に耳を当てている私が驚くような大声が聞こえてきた。

「めんどり鳴いて国を滅ぼす、と言うのはこのこっちゃ！」

どうもえらい話が飛び交い始めてきた》

ちなみに、この佐々木組の小田悦治若頭補佐、同じ著書のなかで、叔父貴に当たる黒澤明について、彼のファンである旨を広言している。

このとき、小田秀臣と連れだって佐々木邸にやってきた黒澤に対し、小田が挨拶すると、

《「よう、小田か。どや、元気でやっとるか」

「ええ、なんとかやっておりますわ」

と笑顔で答えると、黒澤組長は、

「ハハハ、おまえの姿が見えん時は懲役に行っとる時らしいからのう」

と笑いながら邸内に姿を消していった》

との遣りとりを、小田は記述している。

小田が黒澤と初めて出会ったのは、その7年前、昭和52年12月13日、神戸市内の中華料理店「桃園閣」で催された佐々木組の事始めの席であったという。

黒澤は前年の12月29日に大阪刑務所を出所、13年ぶりにシャバに戻ったばかり。この年の佐々木組事始めは、黒澤の少し遅い〝放免祝い〟を兼ねていたのだ。

黒澤はすでに山口組の直系組長に直っていたとはいえ、もともとは佐々木組舎弟であればこそのお祝いであった。

宴会はいつも以上に盛りあがったが、小田が中座し店をあとにしたのは、たまたまその夜、債

権取り立ての用事があったからだ。

ところが、約束していた尼崎市立花町の相手事務所に赴いたところ、待っていたのは、尼崎西警察署のマル暴刑事4人。小田はその場で恐喝現行犯で逮捕され、尼崎西署の留置場へ放りこまれてしまう。

ビル工事代金未払いの取り立てを、カタギの業者から委任状を貰ってのもので、それがなぜ恐喝になるのか。小田は取調室で怒鳴りまくったが、刑事は聞く耳を持たず、5日、10日、15日と留置場に留め置かれた。

アホらしくなって黙秘を決め込んだため、接見禁止措置がとられ、途中から取調べも一切なかった。

そんなある日、係長が突然留置場にやってきて、特別に面会を許すという。「立派な人が来てくれとるからのう」係長の言葉に、はて、誰やろ？　と首をひねりながら、刑事部屋に連れだされた小田を待っていたのが、佐々木組副組長の中道、そしてもう1人が、黒澤であった。

黒澤の第一声が、

「よう小田君ちゅうのは君か？　生田署にカチ込んだという噂はわしもムショの中でニュースで聞いとった。風邪などひいとらんか？　刑事さんの言うことを聞いて早く保釈でいちどシャバに出るようにせな。中道の兄弟にいちど君に会いたいと言うたら、パクられて接見禁止やとのことやさかい、課長さんに頼んで会いに来たんやが、何か困ったことはないか」

というもので、小田は前掲書でこう記述している。

《黒澤組長は約三十分の面会時間の間、出前でコーヒーを取ってくれたり、たばこを吸わせてくれたりして、帰り際には現金まで差し入れてくれたうえ、担当の刑事に「くれぐれもよろしく頼んます」と言い置いて悠々と引き上げて行った。その後ろ姿を見て私は、感動したことを今でも覚えている。そんな私を見てデカたちはしきりと説得にかかった。

「お前もあのくらいの親分になれよ、小田。こんなチンケなことで意地張ってんと、どうせ小便刑じゃ。さっさと未決に行って保釈で出りゃええやないか。明日から調書をまくぞ、いいな」》

それ以来、黒澤は小田と会う機会があるたびに、

「どや、小田君。元気で頑張っとるか」

と声をかけてくれるようになり、小田もすっかり黒澤に魅了され、大の黒澤ファンとなったのだった。

さて、佐々木邸で山本広組長代行派親分衆約40人の会合が催された夜――。

皆が帰ったあとで（最後まで残っていたのも黒澤であった）、佐々木道雄は佐々木組の幹部たちを集めて、こう申しわたしたという。

「来月5日の（山口組）定例会で、姫路の竹中が四代目に決定する運びとなった。今日集まった兄弟衆は、少なくとも30人は定例会をボイコットするやろ。ワシも同じや。山本の広《ひろ》っちゃんについて行こ思う」

かくして山口組の分裂は決定的となったのである。

8

運命の6月5日午後3時、山口組定例会が田岡邸2階大広間で開催され、出席者は直系組長85人のうち42人を数えた。

冒頭、田岡フミ子未亡人が、

「主人の存命中、私にたびたび聞かせていたのは、『もしワシが死ねば、山口組は難しい場面を迎えることになるだろう。その難局を乗り切るには、山健に跡目を継がせ、竹中を若頭にすることだ』ということでした。このことは、田岡にいつもついた者も聞いております。ここで皆さまに主人の遺志をお伝えします。山健さんが亡き今、竹中さんを四代目に推薦致します。皆さまに発表するとともに、今後一層の御協力をお願いします」

と挨拶、低いが一語一語噛みしめるような落ち着いた声だった。

これを受けて、竹中正久若頭が立ちあがり、

「四代目をお引き受けすることになりました。引き受けました以上は、組のために粉骨砕身頑張りますので、皆さま方の御協力を切にお願いします」

と就任の辞を述べると、大広間に万雷の拍手が鳴り響いた。

四代目山口組竹中正久組長誕生の瞬間であった。

同じ頃――。

定例会をボイコットした山本広組長代行派の直系組長らは、大阪市東区の松美会（松本勝美会長）の本部事務所に集結、竹中四代目に異を唱える記者会見を開いていた。

出席したのは、山本広代行の他、小田秀臣、加茂田重政、溝橋正夫の各代行補佐、北山悟、佐々木将城（道雄）、松本勝美などの直系組長で、総勢34人だった。

「親分が亡くなったら、組員の総意で後継者を選ぶのが筋というものです。一部の者の支持で竹中が四代目に選ばれたことに不満を感じる。姐さん（フミ子未亡人）から竹中を四代目にしたいから協力してくれと頼まれたが、同意しかねると応えた」

と山本広は淡々と述べたが、憤懣やるかたない様子もありありと窺えた。

「竹中組長を四代目にという故田岡組長の遺言というのはあったのか？」

との報道陣の質問に対しては、

「遺言があるのなら三回忌までに発表するのが社会通念というものだ。真偽のほどもわからない遺言について話すことは極力避けたい」

と憮然として答えた。

また、定例会をボイコットした理由について、山本広は、

「竹中四代目に対する不同意の意志表明。三代目に戴いた代紋をどうするかは、これから皆で考えますが、今のところ、役職の組長代行や代行補佐は、一切返上し、白紙に戻し各組長が同志という形で平等につきあう定期的な会合を持ちたいと思っております」

と述べ、反竹中派の連合組織づくりを示唆した。

それが結実するのは、1週間後の6月13日のことだった。

神戸市中央区北長狭通の「ニューグランドビル」内を本部事務所として、新組織「一和会」は正式に発足したのである。

役員人事も発表され、会長・山本広、最高顧問・中井啓一、常任顧問・溝橋正夫、白神英雄、副会長兼理事長・加茂田重政、幹事長・佐々木将城、以下、組織委員長、専務理事（7人）、本部長、理事長補佐（4人）、会長秘書、財務局長、事務局長らの顔ぶれも決まって、新生「一和会」は四代目山口組をも上まわる人数で、意気揚々とスタートを切ったのだった。

だが、そのどこにも黒澤明の名前はなかった。

黒澤は山口組分裂の日となった6月5日も、竹中四代目が決定した山口組の定例会を欠席し、なおかつ松美会本部における山広派の記者会見にも姿を見せなかった。

山口組分裂という厳とした現実の前に、黒澤は呆然とし、身を切られるような寂しさに言葉を失い、深く懊悩していた。

分裂は山口組にとって最悪の事態、絶対にあってはならないこと――との願いを強く抱いて、なんとか回避できないものかと懸命の努力や奔走をしてきたのに、結局そうなってしまったという痛恨の思い。

真っ二つに割れてしまった両派を前にして、黒澤は暗澹《あんたん》とした気持ちになった。おまえはどっちを選ぶのだと問われても、答えようがなかった。

確かに人脈的には山広派に近く、黒澤は一和会に参画するものと、関係者の大半はそう見ているに違いない。

だが、黒澤にはその選択肢は到底考えられなかった。なんとなれば、それは心から敬愛する三代目親分、田岡一雄に背くことになりかねず、何があっても恩義ある菱の代紋に矢を向けるような真似はできるはずがないではないか。

かといって、では四代目山口組に残る道を選ぶことが筋道かと言えば、それまた兄貴分・佐々木将城に対する背信行為に他ならなかった。

あちら立てれば、こちら立たず。こちら立てれば、あちら立たず。二律背反。

山口組か一和会か。

黒澤は究極の選択を迫られ、苦渋の決断を迫られた。

黒澤は悩み、逡巡し、考え抜いた末に、結論を出した。

それは黒澤にとって、身を切るにも等しい選択であった。

その決断こそ、山口組でも一和会でもない、渡世からの引退——カタギになることだった。

一和会幹事長当時の佐々木将城が、黒澤とのいきさつを手記(「週刊現代」昭和60年4月20日号)で、こう述べている。

《(山口組の)分裂から、二、三日経っただろうか。松宮(黒澤組)本部長と二人で私の許を訪ねてきた黒澤だったが、どうもいつもの黒澤ではなかった。顔を合わせると目を伏せる。話をしても、いつものように滑らかではなかった。「なにか隠してるな」と感じとった私は、黒澤に向かって、

「ワシに言いたいことがあるんだろう。サシ（二人）で話そう」

　私たちは大広間で対座した。向かい合ったまま、しばらく無言だった。黒澤は、今度はしっかり私の目を見ている、いつもの黒澤に戻っていた。――突然、黒澤は両手をついて、

「兄貴……」

　と悲痛な声を上げ、頭をたれた。タタミの上に大粒の涙がこぼれ落ちた。

　黒澤のその姿を見て、私はすべてを察知したのである。事前に四代目山口組幹部と話をつけ、「席をあけて待っている」との了解を取りつけ、その見返りに、「佐々木（私）の命を取れ」と強要されていたのであった。黒澤はいった。

「どんなことがあっても兄貴を裏切ることはできない。兄貴、極道の社会がわからなくなった。もう、この世界になんの未練もない。」

　私も泣いた。黒澤はもっと泣いた。男同士の血の涙を、私は見たのであった》

　ここで記されている「事前に四代目山口組と話をつけ、『席をあけて待っている』との了解を取りつけ、その見返りに、『佐々木（私）の命を取れ』と、強要されていたのであった」というのは、あくまで佐々木の見解であって、真偽のほどは定かではない。

　私はむしろそうではなく、直接黒澤の口から聴いたことのほうが、真相に近いと確信している。

　黒澤は、山口組に残らなかった理由を、こう述べたのだ――。

　仮に四代目山口組を選んだとして、兄貴分が一和会の最高幹部にいる以上、何らかのけじめをつけずして、山口組の座布団に胡坐をかいているわけにいかないのは自明の理。おのずと、その

役目は他の者に後れをとるわけにはいかず、自分の責務となろう。

そこでその使命をやりとげたとしても（要は命《タマ》を奪《と》うこと）、最初のうちこそ、まわりからは、

「さすがや。見事に義を貫きよった。どこまでも筋を通す男や。極道の鑑や！」

と賞賛の声があがるだろうが、ときが経つにつれ、

「あれは恐ろしい男よ。なんぼ極道の筋やいうても、自分の兄貴分まで……油断のならんやっちゃ」

との評価に変わるだろう。

「それが目に見えていたから」

と黒澤は語ったものだ。

ということは、別に山口組幹部に強要されなくても、黒澤にとって山口組に残るということが何を意味するか、わかり過ぎるほどわかっていたということであろう。

そこまで鬼になれるわけがなく、「それはできない」となるのは、情に厚く、信義を重んじる黒澤の人間性を多少なりとも知っている私から見ても、当然であったろう。

それでなくても、黒澤に「佐々木を殺せ」と強要できる山口組幹部がいたというのも、少し考えられない話なのだが、何かしら似たようなことはあったのかも知れない。

ただ、この神戸・魚崎北町の佐々木邸での佐々木・黒澤会談——男同士、〝血の涙〟を流しあった話しあいが行われたのは、紛れもない事実である。40年前の現場に立ち会った当時の佐々木組幹部が現在も健在（75歳のカタギ）で、

「サシで話そうって、2人で大広間に移って2時間くらい話してましたな。ワシは隣りの部屋にいたんですが、2人とも泣いとりましたよ。私が大日本正義団初代会長を射殺した襲撃隊として捕まって、その懲役から帰ってきたばかりのときやったから、よく憶えてますよ。

ワシが加古川刑務所を出所したときも、近くのインターで放免（出迎え）やってくれて、佐々木の親分と黒澤の叔父貴が私の両隣りに立って、集まった人たちに挨拶してくれましたから。黒澤さんにはホンマに良くして貰ったですよ。日本橋事件で捕まったときも、大阪府警本部へ面会に来てくれて、『これから長い懲役になるやろが頑張れ』って、そら感激しましたわ。ワシら、検事控訴されて大阪拘置所に3年おったんやけど、毎月欠かさず励ましの手紙をくれたのも、黒澤さんですわ」

黒澤が極道渡世からの引退を表明し、カタギとなったのは、佐々木との男泣きの会談から間もなく、一和会が結成される直前のことだった。

その後、黒澤が送り込む形で、元黒澤組副組長の前田和男（大阪）と同舎弟頭補佐の美尾尚利（静岡・清水）の2人が、四代目山口組組長竹中正久の盃を受けた。

前田は黒誠会会長、美尾は美尾組組長として四代目山口組直系組長に昇格したのだった。

山口組のキッシンジャーと呼ばれた男

第五章 極真空手創始者の遺言

生前の大山倍達氏

1

平成6年4月26日朝、黒澤明は、世界に1200万人の門弟を持つ不世出の空手家、国際空手道連盟極真会館総裁・大山倍達の臨終に立ち会おうとしていた。

その日、朝5時半過ぎ、大山側近の米津等史から「総裁、危篤」の連絡を受け、すぐさま秘書役の大西靖人とともに、東京都中央区の聖路加国際病院へと駆けつけたのだった。

同病院971号室——。〝ゴッド・ハンド〟とも〝牛殺し〟とも称され、生涯を闘いに次ぐ闘いに明け暮れてきた男は、その最後の闘いを終えようとしていた。

黒澤が、その枕辺で、

「総裁」

と呼びかけても、大山は目を開けることも応えることもなかった。

酸素の管が鼻から通っていても、なお呼吸は困難で、大きく口を開けてハーハーと息をする状態が続いていた。

午前7時38分、いったん心臓が停止したが、医師が心臓を押すと、心電図が瞬間的に動き出した。心臓マッサージが繰り返されるなか、黒澤たちは祈るように見守り続けた。

だが、午前8時、心臓は完全に停止、極真空手の創始者——梶原一騎原作の『空手バカ一代』のモデルとして空前のブームを呼んだ男・大山倍達は、肺癌による呼吸不全のため永遠の眠りに就いたのだった。享年70であった。

その最期を看取ったのは、黒澤の他に、智弥子夫人、米津等史（資生堂の社長秘書）、大西靖人（大阪府岸和田市議会議員）、黒田都士（極真会総本部事務局）、大山の秘書渡辺泰子だった。

「総裁！」「総裁！」

皆が声をあげて泣き、滂沱《ぼうだ》と涙を流すなか、黒澤はひとり、呆然とその場に立ち尽くし、大山の死に顔を見遣っていた。

その安らかな眠るような表情は、とても亡くなっている人とは思えず、何か自分が夢の中にでもいるような心地がした。

極真門下の米津や大西、若い黒田が男泣きしているのを見れば、嫌でも現実とわかるのに、黒澤には到底信じ難かったのだ。

〈あれほど無敵を誇り、最強と言われた人にも、やはり死は訪れるものなのか……〉

黒澤はしばし感慨に浸り、大山と出会った頃のことを思い返していた。

それは31〜32年前、黒澤がまだ若く、27〜28歳の時分だった。その2〜3年前の昭和35年8月、山口組は明友会を潰滅させる抗争事件を起こし、黒澤はその襲撃隊の1人として大阪府警に逮捕され、保釈中の身であった。

ちょうどその頃、たまたま東京から大阪に出向いてきていた大山倍達を、黒澤に引きあわせてくれたのが、兄貴分の柳川次郎だった。

当時、同じ三代目山口組でも、柳川は地道組舎弟から直系組長に昇格した身、黒澤は地道組系佐々木組舎弟であった。が、この柳川こそ、黒澤を極道渡世へ導いてくれた最初の兄貴分に他ならなかった。

そして柳川次郎と大山倍達は、極道と空手家——と互いに行く道は違っても、すでに刎頸の友、いや、義兄弟の仲であった。

では、東京を拠点とする大山が、そのとき、何用があって大阪へ出張って来ていたのか？

大山は以前から、地元の東京・池袋に極真会館総本部を建設する計画を立て、その資金集めのため奔走中で、大阪には義兄弟の柳川を頼って、協力を求めに来ていたのだった。

まだ極真会館の前身である大山道場の時代で、大山は東京・池袋の立教大学裏の古いバレエスタジオを借りて、弟子たちと稽古に励んでいた。門下総数も３００人強、大山極真カラテは世界に大きく躍進する途上にあった。

柳川は大山の申し出に快諾し、身内や関係者を総動員して、極真会館の建設資金集めのために動くことになるのだが、そのなかの１人が黒澤であった。

それが大山と黒澤との交流の始まりだった。

黒澤はまだ若かった分、フットワークも軽く、あたう限りの人脈を駆使し奔走したものだった。

昭和38年6月、東京・池袋で、極真会館総本部の建設工事が始まって、翌39年6月、それはついに完成を見た。

国際空手道連盟極真会館が正式に発足し、同会長にときの国務大臣佐藤栄作、同副会長に衆議院議員の毛利松平が就任した。

大山のたっての要望もあって、同相談役をつとめたのが柳川次郎であったが、むろんそれは柳川が柳川組を解散し、ヤクザ渡世を引退したあとのことである。

黒澤が長期刑をつとめていたこともあって、しばらく疎遠ぎみだった大山との距離がグンと近くなるのは、柳川が平成3年12月11日に病歿《びょうぼつ》してからのことで、大山が死去するまでの2年間はとりわけ親密な間柄になっていた。

極真会館の相談役まで引き受けて貰った義兄弟の柳川次郎を「兄貴」と仰いだ男とあって、大山は黒澤に対し、あたかも「柳川の名代」のように接し、親しく交際したのだった。

東京・池袋の極真会館総本部総裁室で、久しぶりに再会したときも、

「黒澤会長は私の義兄弟の柳川と兄弟分だった人ですから、私とも義兄弟のようなもんです。そう思ってよろしいでしょうか」

「滅相もない。畏れ多いことですわ」

「柳川の兄弟が亡くなった今、当然、あなたには兄弟のあとを、極真会館の相談役を引き受けて貰わなければなりません。よろしく頼みますよ」

「総裁、私にできることでしたら、何でもお手伝いさせて戴きますが、私は柳川の先代とは人間の器が違います。とてもそんな大役は私には……」

「何を仰いますか。もう決めてあることですから、これはやって貰わねば困りますよ」

大山は笑いながら押しきった。

柳川と同様、黒澤もまた、かつてその世界では大物として知られた存在であったが、そんな様

子はみじんも見せず、万事控え目でシャシャリ出るタイプではなかった。

生前の柳川も、極真会館相談役として、極真内の全国支部長会議などには必ず出席するにしても、よほどのことがない限り、発言することなく、表だった大きな大会などにもあまり顔を出さず、出席しても極力目立たぬようにして控えていた（嫌でも目立ってしまうのだが）。極真関係者に迷惑をかけないよう、己の分を弁《わきま》え、陰の支援者に徹していたのである。

柳川のあとを受け継ぐ形になった黒澤も、とっくに極道渡世を引退した身であったのに、そのあたりは柳川以上に徹底しており、決して表舞台に出ようとしなかった。

「黒澤会長も柳川の兄弟と似てますね。自分ら武道の世界もそうなんですが、任侠の世界の方を見てると、大概は、オレがオレがと前に出たがる人ばかりなのに、兄弟といい、あなたといい、決してシャシャリ出ようとしない。これからは極真のためにもっと表に出て、うちを助けて貰わなきゃなりませんよ」

「総裁、とても柳川の先代のようにはいかないと思いますが、私のできる限りのことは手伝わせて戴きます。ただ、〝相談役〟とか、そんな肩書きはやめてください（笑）」

「また、そんなことを言って……まあ、いいでしょ。ともかく柳川の兄弟には、いろんなことで応援して貰い、助けて貰いましたよ。この極真会館を建てるときだって、兄弟が率先して資金集めに動いてくれましてね。……そういえば、黒澤会長と知りあったのも、そのときでしたね」

「ええ、私も奉加帳持って、いろんなところを回りましたね」

「そうでした。苦労かけました。おかげさんで多くの方がお名前と出資金を書いてくれましてね。

ありがたかったですよ。ただ、いかんせん、意外と資金が集まらなかったことを憶えてますよ」

「それは総裁、名前と金額を書いただけで、お金を出してくれなかった人もいたからじゃないですか」

「ちょうどいい。今度の新会館建設のとき、受けとりに行かなきゃ……」

「それはいいですね」

2人は笑いあった。まるで疎遠にしていた時期がなかったかのように、一挙に距離が縮まったのだ。

そんな2人の遣りとりを見ていた大山側近の米津等史は、何より大山、柳川、黒澤という3人の絆の強さ、信頼関係というものに、驚かざるを得なかった。

それは黒澤に同行していた秘書役の大西靖人も米津と同様の思いであった。

柳川に対する大山の友情を、米津が改めて思い知らされたのは、それから間もなくのことだった。

柳川が亡くなった翌年、自分の死の1年半ほど前の平成4年秋、まだ病の兆候さえなかった時分のこと、大山は突如、米津に、

「柳川相談役の墓参りがしたい。墓は奈良の生駒だったよな。黒澤会長に連絡をとってくれないか」

と言いだした。超多忙のこの時期に、なぜ？　――と思わぬでもなかったが、

「わかりました」

米津はまず黒澤側近の大西靖人に連絡をとり、大山の意向を伝えた。

やがて、黒澤のほうで双方のスケジュールを調整し、日時から何からすべてを段取って、用意を整えた。

当日、大山は米津とともに新幹線で大阪入りし、いったんはホテルへ落ち着いた。

そこへ迎えに来た車と顔ぶれを見て、大山は思わず、「おおっ！」と心底嬉しそうな声をあげた。

生前の柳川の愛用車である白のベンツ・リムジン（ナンバーは1）に乗って現れたのは、黒澤、大西の他に、柳川未亡人、それに柳川と縁の深い実業家の前田昭男であった。前田は元黒澤組副組長で、黒澤引退後の四代目山口組で若頭補佐をつとめる黒誠会会長前田和男の実兄でもあり、柳川の墓守をしているのだった。

「奥さん、すっかり御無沙汰してしまって、申しわけありません」

大山が柳川未亡人に挨拶すると、彼女も懐かしそうに、

「いいえ、こちらこそ、総裁、今日は柳川のために遠くまでお越し戴いて、ありがとうございます」

と、涙ぐんでいる。

一行はそのままベンツ・リムジンで、大阪と奈良の境にある生駒山麓へと向かった。

車が霊園に着いて、全員が降り、坂を登ると、ひときわ大きな柳川の墓が、目の前に現れた。

「兄弟、来たよ。遅くなってごめん」

その墓前に立った大山は、感無量であった。手を合わせ、静かに柳川に語りかけていた。

この日、大山は念願の柳川の墓参りを果たせたことを喜び、ホッとしているようだった。

柳川未亡人や黒澤と昔話に花を咲かせ、終始感慨深げにしている大山の姿が、ずっと一緒だった米津の眼には、のちのちまで印象に残っていた。

それが期せずして最後の墓参りとなってしまったのだから、米津には、

〈大山総裁は柳川の先代に、別れの挨拶に行かれたのだ〉

としか思えなかった。

だが、大山自身は元気そのもので、身体のどこにも病気の影さえ見当たらなかった時期であっただけに、不思議議であった。

ともあれ、この墓参以来、大山と黒澤の仲は以前にも増して親密になっていく。大山が何かといえば、黒澤に会いたがったのだ。秘書役の米津とも、

「黒澤会長はどうしてるんだ？」

「昨日、大阪に戻られましたよ」

「え、東京に来てたのか。どうして私のとこに寄ってくれないんだろ？　今度ぜひ会いたいと言っといてくれ」

といった調子で、すぐに黒澤の話題になったのだ。

黒澤も仕事で東京に来る機会が増えていたので、直接大山から電話が入ることもあって、会う頻度はグンと多くなった。

会えば、大山の話は、

「組織を今以上に大きく、より強固なものにするにはどうすればいいだろうか」

「若手への切り換えということが肝要であるとはわかっているが、黒澤会長はどう思うか」

といった相談や意見を求められることが多かったが、黒澤には他に掛けがえのない、楽しくも貴重な時間となった。

2

米津等史が「大山倍達の最後の秘書」と呼ばれるようになったのは、大山の晩年、最側近として一番身近にいたからである。

大山からもことさらに可愛がられ、全幅の信頼を置かれた男が、米津であった。

とはいえ、「総裁秘書」の肩書きがあったわけではなく、彼はあくまで資生堂に勤務する会社員、役職は渉外担当秘書だった。つまり、対外折衝の秘書であったから、大山の秘書役は業務の一環であり、会社公認、福原義春社長からも、

「君はしっかり大山先生に仕えなさい」

とのお墨付きまで得ていた。

もともとは米津も極真門下の空手家であった。昭和53年3月、19歳のときに極真会館総本部に入門し、2年後に自宅近くの東京・参宮橋の都下城西支部に移籍し、山田雅稔支部長を師として

指導を受けた。

この城西支部時代の同門が第15回全日本大会（昭和58年）のチャンピオンの快男児・大西靖人（大西が2歳年長、城西支部では米津が1年先輩）で、2人はのちに浅からぬ縁で結ばれることになるのだが、当時はほとんど交流がなかった。

米津は城西支部で2年間、空手の稽古に励んで大学を卒業、資生堂への就職も決まって社会人となった。

極真門下とはいえ、米津にすれば、雲の上の人である大山倍達との交流が始まるきっかけとなったのは、平成3年11月、極真会館主催の第5回世界大会のときだった。

その世界大会で、師である極真会館城西支部長の山田雅稔が「総裁付き」の担当となったことで、米津は山田のサポート役を頼まれたのだ。

海外からの来賓、国内からも大物政治家が来館するとあって、その案内や応対に粗相があってはならず、山田は有能な助手役を求めたのだ。

そこで白羽の矢を立てたのが、米津であった。自分の数多い弟子の中でも、資生堂で社長秘書をつとめる彼ほど、それに適役な人間は見当たらなかったのだ。

世界大会の当日、会場で大山の側に付いていて、米津は山田のサポート役を見事にこなした。

そんな米津の所作、立ち居振舞いが大山の眼に止まらぬわけがなく、大会終了後、大山は山田に訊ねた。

「山田支部長、彼はなんて言ったかな、今日、君の助手をつとめた、君の弟子だが……」

「押忍《オス》、総裁、米津でありますか」

「うん、そうそう。米津君か。彼はいいねえ。気が利いてて、キビキビして、実にマナーもいい。資生堂の秘書をやってるって言ったかな？」

「押忍、そうです」

「ふうむ、わが極真から大企業の秘書がつとまる子が出てくるとは！……まったく、彼は秘書向きだな。うちにはあまりいないタイプじゃないか」

「押忍！」

「頭もいいし、何より品格があるよ、彼には」

「押忍、総裁、彼は毛並みがいいんです。父親が弁護士、お母さんとお祖母さんが大学教授、祖父が元大臣という家柄ですから」

「ホーッ！　そうかね」

大山は目を丸くして驚いている。

以来、大山は何かといえば米津に声をかけ、極真会館総本部にも頻繁に呼ぶようになった。そのうちに米津は、大山の側近としてなくてはならぬ存在となったのである。

「君、私が今、全力を注いで取り組もうとしているのは、新会館の建設と空手百科の制作——この2点。これを君にも手伝って貰いたいんだ」

米津にしても、天下の大山倍達に、そこまで見込まれたら男冥利に尽きるというものだった。

「押忍！　自分にできる限りのことを、精一杯つとめさせて戴きます」

かくて大山の側で動いているうちに、〝最後の秘書〟と呼ばれるような立場になってしまったのだ。

大山と黒澤の交流が復活するにあたって、それを仲介する形になったのも、米津であった。

大山の側近となって間もなくして、米津は、山田雅稔から電話を受けた。

「なあ、米津、おまえ、大西って憶えてないか？　城西の道場で同じ時期に一緒にやってたのがいるだろ。まだ代田橋に来る前、参宮橋の時代だったかな」

「押忍、憶えてますけど、彼とは道場で一緒に稽古したってことはほとんどないんですよ。けど、大西って、全日本チャンピオンにもなった男でしょ。極真じゃ、結構有名な男じゃないですか。彼がどうかしましたか？」

「うん。実は今年、大阪の岸和田で市会議員に当選してな、頑張っているんだよ。オレは政治の世界はわからないけど、ヤツはいずれ国政に出たいとも思ってるんじゃないか。おまえなら政界に人脈もあるし、パイプも太い。あいつにいろいろアドバイスしたり、協力してやって欲しいんだよ」

「押忍、わかりました」

「それにな、大山総裁も、大西はどうしてるんだって、いつも気にかけてくださってるからな」

それは米津も直接、大山の口から聴いたことがあった。

「ヤツは自分で『破門』を宣言して、極真を離れ、破門の身となっていると思い込んでいるらしいんだが、実はそうじゃない。総裁は『破門』を認めてなくて、『総裁預かり』となっているのを、ヤツは知らないんだよ」

「押忍、師範、そうなんですか」

「うん、確かだ。ともかく頼むよ。ヤツを応援してやってくれ。まず彼と会ってくれないか」

「押忍！」

師範の命令とあって、否も応もなく、米津は大西と連絡をとり、アポイントをとって、急遽、大阪へと向かった。

平成4年1月27日、大阪のヒルトンホテルで、2人は再会した。

「やあ、久しぶりじゃったのう。同輩のようなもんなんやから、お互い、タメ口でいこうよ」

大西は故郷の九州弁と大阪弁をごっちゃにして、ざっくばらんに米津に近況を語った。

大西の話を聴いて、米津がビックリしたのは、彼が現在、側近のようにして仕えている相手が、

「もうとっくにそっちのほうは引退してるんだが、かつては〝山口組のキッシンジャー〟と呼ばれた黒澤明という人や」

と聞いたからだった。

「そりゃ大西さん、大山総裁の義兄弟だった柳川次郎相談役と、深い関係のある人じゃないですか」

「タメ口でええよ」

「はあ……」

「うん、黒澤会長の最初の兄貴分だった人が、柳川次郎さんだな」

「奇遇というか、縁は異なものというか……」

「大阪へ来て井本に紹介された実業家の川村という社長さんがいて、この社長から引きあわせて貰って、初めて黒澤会長と知りあったんだけど、実はワシが昔から憧れとった人なんや。雑誌や本で知っとったんやな。黒澤組黒澤明組長、〝山口組のキッシンジャー〟って。まあ、想像してた以上に、本物はカッコよくて信義に厚い、男前じゃったわ。この人からは随分いろんなことを教わったよ。ワシは心底惚れ込んでしまったんじゃ……」

「井本」というのは井本光勇と言い、米津も知っている極真会館城西支部時代からの空手仲間、大西の親友であった。

「へえ、そうだったんですか」

「タメ口でええって言ってるだろ。ワシは米津と呼ぶから、君も大西と呼んでくれ。歳はワシが2つ上と言ったって、城西の道場じゃオレのほうが後輩。本当なら『先輩』と呼ばななならんのやろけど、まあ、勘弁したってや」

「……まあ、いきなりそれも何ですから……じゃあ、大西君、山田師範から言われて来たんですが、国政に出たいという気はあるんですか？」

「え？　まだそこまではいってないよ。岸和田の市会議員を始めたばかりやし……山田先生がそないなことを仰っとったんか？　今は考えとらんよ。ありがたい話やけどな、お気遣いしてもろて……」

「わかりました。まあ、タイミングというものがありますから。機が熟したときに一気呵成にやりましょ」

「それより、こうしてまた、おまえと会えて良かったよ。米津とは何か、運命の再会のような気がするなあ」

「私もですよ」

米津は東京へ戻ると、山田雅稔に大西の件を報告し、大山にも、極真会館総本部総裁室にて、

「押忍、総裁。大西君は今、大阪で黒澤明さんと昵懇にされております」

と申し伝えると、大山は少し驚いて、

「何、それは本当か。黒澤さんか……懐かしいな。もう30年くらい前になるかなあ。この会館を建てるとき、彼には資金集めでうんと協力して貰ったんだよ。柳川の相談役に紹介されてね。そのときが初めてだったかな。そのあとも、柳川の兄弟と一緒に会う機会はあったけどね。その黒澤さんに、大西がお世話になってるというのか……なんとも不思議な縁だな」

と言い、遠くを見るように眼を細めた。

「押忍。大西君は黒澤さんに惚れ込まれ、リスペクトされておられるようです」

「うむ、そうだろう。それはよくわかるな。で、大西君は今、何をやってるのかね?」

「押忍。大阪・岸和田市の市会議員をやっておられます」

「ほう、それは頑張ってるんだね。たいしたもんじゃないか。で、どうかね、君の眼から見て、彼は政治家に向いているかね?」

「押忍。向いていると思います。今では岸和田に根づいてすっかり融けこまれ、地域住民のため

に尽力されておられ、信望も厚く、大変な人望があるようです。あの人柄や義理人情に厚い男気が、地元の人たちからも愛されて全幅の信頼を受けてるんだと思います。彼は弁も立って頭が良いだけでなく、気配りもできますし、柔軟性や緻密さも兼ね備えてますから、政治家向きで、今後さらに活躍するかたと確信しております。黒澤会長を始め、まわりのかたのバックアップも心強い限りであります。本人も政治への意欲は満々で、燃えるような情熱を持っております」

「ふーむ、それは素晴らしい。君がそこまで言うなら、確かだろ。会ってみたいな。大西君にも会いたいが、何より黒澤会長に久しぶりにお会いしたいな。君、打診してみてくれないか」

「押忍。承知致しました」

かくて米津は即座に大西に連絡をとってその旨を伝えると、黒澤も快諾、大西を同行し、東京・池袋の極真会館総本部に大山を訪ね、しばらくぶりの再会が実現したという次第だった。

総裁室で黒澤との懐旧談をひとしきり終えたあとで、大山は黒澤の傍らに控える大西に目を向けた。

「大西君、頑張ってるようだね」

「押忍」

「もうそろそろいいだろ。極真に戻って来なさい」

「大山総裁、自分は極真を破門の身であります」

「何を言ってるのかね、君は。私にはそんな覚えはないよ」

「……」

「大西、極真に戻るんだ！」

「――押忍！」

「よし、決まりだ。君は極真一門だ。ここにおられる黒澤会長が証人だからな」

大山は莞爾《かんじ》と笑い、大西には返す言葉もなかった。

3

大西靖人が昭和57年3月、法政大学法学部を卒業後、総会屋を目指して大阪に向かったのは、貝塚市に住む親友の井本光勇を頼ってのことだった。

井本の父親が大阪では有名な総会屋であったから、弟子入りしようと考えたのである。

だが、時期が悪かった。井本の父・清春は、大西にこう宣したものだ。

「大西君、遅かったで。もう総会屋でメシ食うていかれん法律がでけてしもた。ワシも引退や」

商法改正によって、企業が総会屋に金を出すことを禁じられ、千株単位の株主でなければ総会にも入れないなど、総会屋が株主総会から締めだされる新法が施行されてしまったのだ。

「大西、どうする？」

井本が訊ねた。

「う～ん、総会屋があかんかったら、金融屋はどうかのう。ワシは金融をやってみたいんじゃが……」

「やっぱりそっち系か。昔からおまえはそっち方面が好きやったからのう」

井本は極真の城西支部で一緒に稽古していたとき、大西が実話系週刊誌を読んでいて、

「おい、井本、大学卒業したら一緒にヤクザになろうや。大阪やったら、黒澤組じゃのう」

と言っていたのを、よく憶えていた。

井本は国士舘大学、大西は法政大学在学中で、極真空手の城西支部道場で知りあった2人は、ヤンチャ同士、すぐに意気投合し、仲良くなったのだった。

「よし、任せとけ。ほんならええ金融会社紹介したるわ」

大学卒業後、自らも事業を営んで顔の広い井本が、気軽に請けあった。

「おお、頼むわ」

井本に紹介されて大西が勤めることになったのが、手形割引を扱う、南大阪でも大手のファイナンス会社だった。

大西が配属された部署は管理部で、債権回収が担当であった。仕事柄、怪しい組織を相手にするときもあって、大西は持ち前の度胸、剛胆さを武器に腕を振るっていくのだ。

その一方で、極真を離れていたとはいえ、空手日本一の夢も諦めていなかった。

大阪に来る前、大西は山田雅稔師範の内弟子となって技を磨き、首都圏交流試合に優勝（対戦相手7人全員に一本勝ち）という実績を引っさげて、昭和55年の第12回オープントーナメント全日本空手道選手権大会に初出場（3回戦敗退）。翌年の第13回全日本選手権では、1回戦で強豪・川畑幸一を破る快挙で注目されたが、第14回全日本選手権で再び川畑と対戦、返り討ちにあ

っていた。

その時点で、大西もいったんは現役引退を決め、空手日本一の夢は封じ込めたつもりだった。

大阪に新天地を求め、社会人としてのスタートを切ったのだが、再びその夢に火がついたのは、大阪での近況報告をした際、師の山田から、

「おまえの実力なら必ず優勝できる。オレは悔いを残して現役を引退したが、おまえには悔いを残して欲しくないんだ」

と次の第15回全日本選手権（昭和58年10月）への挑戦を勧められたのが、きっかけであった。

大西はしばらく考えたあとで、

「押忍！　やります。蹴り1発で相手を骨折させるつもりでいきますよ」

と応えていた。身長183センチ、体重100キロ、パンチパーマ、かつて映画化もされて一世を風靡したどおくまんの漫画『嗚呼!!　花の応援団』の主人公・青田赤道の風貌を思わせる大西の顔が、ニコッと綻んだ。

カムバックを決めるや、大西は金融の仕事の合い間を縫って、凄まじい特訓を開始した。

岸和田の極真空手大阪南支部道場へ通ってサンドバッグを蹴り、ミットを叩いて猛稽古に励み、スタミナ面を鍛え、スピードや技に磨きをかけた。

大西が最も重視したのはパワートレーニングで、地元のボディビルセンターに通いつめているうちに、成果は見る間にあがり、ベンチプレス180キロ、バーベルを使ったスクワットでも250キロという驚異的な重量を挙げられるようになっていた。体重も110キロにまで増え、ま

るで筋肉の鎧を着ているようであった。

大西は第15回全日本選手権を目前にした9月、B型肝炎で1カ月半の入院という不運に見舞われるのだが、直前に退院、不屈の精神力で大会に強行出場した。

大西は本番に強かった。1回戦から4回戦までをあれよあれよという間に、圧倒的な強さで勝ちあがり、決勝戦へと進んでいたのだ。

コンディションは最悪だった。大会直前の1カ月半の入院に加え、初日の1回戦では右足親指を骨折。その夜、整形外科医に処置して貰った添え木も、「動きにくいから」と自分で外し、以後の試合に臨んだのだった。

4回戦で「技あり」で勝った相手は誰あろう、当時全盛を誇って最強とも言われ、3連覇中の三瓶啓二だった。つまり大西は三瓶の全日本4連覇を阻んだのだ。

決勝戦の相手は、同門の小笠原和彦であった。2人の戦いは、極真空手史上でも後々まで語り継がれるような伝説の名勝負となった。

延長3回の激戦の末に、判定勝ちを収めたのは、大西であった。昭和58年11月、彼は26歳にして、ついに悲願の空手日本一を成し遂げたのだった。

その余勢を駆って、大西は翌年の第3回全世界選手権にも出場、順調に勝ちあがったが、準々決勝で敗れ、現役引退を決断した。

最後の対戦相手となったのが、のちに大山倍達から後継者に指名される松井章奎であったのは、大西にとっても花道であったろう。

空手を離れ、再び大阪のファイナンス会社で、債権取り立て業に専念する日々を取り戻した大西は、その過程で、多くの人脈を築いていく。

親友の井本からも、金融や不動産、あるいは他の業種を営む社長連中、病院理事長、右翼の大物、政治家、事件屋……等々、さまざまな人間を紹介された。

そんな1人が、岸和田で年商300億という健康食品販売会社「サンドリー」を経営する川村社長で、人懐っこい大西は、6歳年長の社長から実の弟のように可愛がられるようになった。

この川村を介して、大西は運命の男と出会う。それが〝山口組のキッシンジャー〟、黒澤明であった。

が、その時分、黒澤が所属していた山口組は真っ二つに割れて、四代目山口組と一和会に分かれ、黒澤はヤクザ渡世を引退したあとだった。

もともと岸和田は黒澤の地元で、泉大津に実家があり、配下の者も事務所もあったほどで、彼はそこでも顔であった。

大西が驚いたのは、週刊誌や本で読んで想像していた武闘派の面影はなく、そこらのカタギの実業家以上にスマートで洗練された紳士であったことだ。

大西が学生時代、憧れていたという思いを本人に伝えると、黒澤は静かに微苦笑するだけだった。

大西は債権取り立て業に打ちこんだが、性格上、寝た子の布団を剝いで帰るような真似だけはできなかった。逆に、債権の回収に行った先が零細家内工業で倒産し、親子3人、今や一家心中目前の有様を見るに見かね、小さな子どもに数万円を置いてきたことさえあった。

おのずと貧しい者や弱い立場の側に味方することになってしまうから、本来は向いている仕事ではなかったのだ。

その代わり、組関係者や力のある相手には強気に出たから、衝突することも少なくなかった。一触即発の危機も、持ち前の度胸と機転で乗りきってきたのだが、大西の素人離れした所作に、

「あんた、ホンマにカタギはんか？　どこの身内や?!」

と疑う組長もあったほどだ。

債権債務の問題で大物右翼とぶつかったときも、大西は一歩も引かずに交渉し、最終的にはなんとかうまく決着がついた。後日、それまでの非礼を侘びに相手事務所に赴いたところ、

「大西はんと言うたな、あんた、ワシらにこれだけ躰を張ってなんぼ貰《もろ》とるんや？」

「はい、16万円です」大西が正直に給料の金額を答えると、相手は目を丸くして、

「おまえの命は安いのお……」

感に堪えないように言い放ち、

「どや、そないに安いんやったら、もうちょっとええ値でワシが買《こ》うたろか」

と、大西を誘ってきたものだ。要は、ワシのとこで右翼の勉強をせんか、というスカウトであったが、

「ありがたいお話ですが……」

大西は自分の目指すものと違うように思い、丁寧に辞退した。

大西を欲したのは、その大物右翼だけではなかった。

ヤクザであろうと一歩も引かない大西の性根に惚れ込んだ親分がいて、彼は誰もが知っている関西の有名なヤクザだった。

その大物極道から、

「ワシの舎弟でどうや」

と破格の待遇を提示され、スカウトされたのである。が、大西にはヤクザになる気は毛頭なかった。

学生時代、井本に対してそんなことを口にした時期もあったが、血気盛んな子どもの頃で、何ら現実味を伴う話ではなかった。

〝山口組のキッシンジャー〟と呼ばれた男への憧憬も、ぼんやりとしたものであったかも知れない。

が、現実に出会った黒澤は、憧れるに相応しい、人情の機微を実によく心得た、人間としての筋や信義を全うする人物であった。

大西はさっそくその黒澤に、相談してみることにした。

その時分、大西はすでにファイナンス会社を辞め、不動産関係の会社に転職し、そこで専ら倒産会社を担当、しばらく勤務したのちに、独立を果たしていた。

倒産した警備会社を整理しているうちに、その会社を自分で引き受けるハメになったのだ。それも倒産整理のノウハウを教わったり、世話になった黒澤から、

「これからの会社整理のためには、自分で警備会社を持っとったほうが有利や。倒産した会社の警備についとけば、部外者が占有物件を占拠でけんように守ることもできるだろ」

とのアドバイスを受けてのことだった。

かくて大西は27歳にして、警備会社の社長となったのである。

さて、大西から、大物組長の舎弟にスカウトされた一件を相談された黒澤は、

「そんなことより大西君、あんた、政治家になる気はないか」

スカウト話はそっちのけにして、切り出したのだ。藪から棒の話に、大西も当初は面喰らうばかりだった。

「ワシはこないな裏の世界の商売しとるけどな、もしあんたの年を取り戻せるのなら、ワシやったら政治の道に行くわ」

「……」

ポカンとしたままの大西に、黒澤はこう続けた。

「政治が男として一番大きい舞台やとワシは思う。あんたの年から小さな世界を目標にしとったらあかん、夢がないやないか。序の口で優勝めざすより、横綱めざしてやらんかいな」

そして黒澤が勧めたのは、半年後の岸和田市議会議員選挙への出馬だった。

そんな無茶な……と、唖然とする大西に、黒澤は、

「どっちみちあんた、岸和田じゃ、地盤、かばん、看板なしやろ」

と畳みかける。

そのあとの展開を、大西は自著『俺がやっちゃる』（第三通信社）ではこう綴っている。

《「今回は落ちてもええんや。ワシかて勝てる見込みがないのぐらいわかっとる。一回戦ってみる。勝負はそれからやで」

新山さん（黒澤の仮名である）の熱い言葉にだんだん私の気持ちは動いてきた。特に一番でっかい男の土俵やと言われた言葉にシビレた。

「大西君、目標さえ失わんかったらあんたはいずれ到達できる！」と新山さんは言った。これが最後の一押しだった。

「わかりました！　出ましょう」

とうとう私はうんと言ってしまった。岸和田に根づいて三年目のことである》

大西をスカウトした大物組長は、黒澤もよく知る間柄の男で、黒澤は後日、彼に、

「大西は政治を志して大阪に来た。今は生活のためにこんな商売をしているが、男の初志を貫徹する気でいますから」

と言って、納得させ、盃を断念させたのだった。

最初の岸和田市議選チャレンジこそ、大方の予想通りに敗れたとはいえ、選挙戦前の、

「１００票とれるやろか」

との声を大幅に裏切って、大西は１５０３票も獲得する大健闘を見せた。

仲間とともに「いける！」との手応えを摑んだ大西は、４年後の平成3年4月、岸和田市議選に再出馬、見事、当選を果たしたのである。

4

平成6年4月17日と19日の2日間、黒澤は、東京・中央区の聖路加国際病院に入院中の大山倍達の遺言書――「危急時遺言書」の作成に立ち会い、その証人となった。

「危急時遺言書」に必要な他の4人の証人は、梅田嘉明（横浜東邦病院院長、極真会館審議委員長）、米津稜威雄（弁護士）、米津等史、大西靖人であった。

大山から望まれて引き受けた遺言書の立ち会い・証人であったが、よもや大山の生命の灯が尽きかけようとしているとは、黒澤には信じられず、もとより本人は知るよしもなかった。

この時点で、大山の真の病名が肺癌（原発性悪性肺腫瘍）の末期であることを知っていたのは、聖路加国際病院の主治医の他にこの5人の証人及び、大山が後継者に指名した松井章奎だけだった。

大山は前年暮れから咳きこみが続いて、肺炎の薬を服んでもなかなか治らなかった。そこで年が明けたこの2月、毎年行う恒例の人間ドックの際に、肺の細胞を採って精密検査に踏みきったのだ。

その結果、末期の肺癌と判明したのだった。同じスキルス《スキルス》性肺癌でも、大山の場合、繊維状に一挙に拡がっていくもので、細胞を採った影響もあったのか、進行の度合いは驚くほど速かった。

聖路加国際病院の見立ても、

「連休明けまで保《も》つかどうか……」

と、事態は極めて深刻だった。

当人にしても、その痛みたるや想像を絶するものに違いなかったが、大山は些《いささ》かもそんな素振りは見せず、重篤な病気と思っていなかったので、必ずや回復すると信じて疑わなかった。

入院中も米津に、

「5月の連休を乗り越えたら、自分は甦る」

と話し、己の強運と強靭さを頑なに信じ込んでいるフシがあった。

だが、極真会館審議委員長もつとめ（本人も医大生の時代からの極真門下生）、ずっと大山の主治医であった梅田にすれば、気が気でなかった。米津も交えた大山との話しあいのなかで、

「総裁、何かあったときは困りますので、遺言という形になるかどうかわかりませんが、総裁のお気持ちを書いておきましょ。お元気になって回復されたら、必要なくなり、思い出話になりますから」

と提案し、大山にも受け入れられて、遺言書の作成となったのだった。

「危急時遺言」という形になったのは、重篤の病とは信じていない大山に、死期を悟らせないための配慮であった。

「危急時遺言書」に必要な5人の証人の選定にあたっては、梅田、米津、それに米津の父親であり、大山の信頼する弁護士の米津稜威雄がすぐに決まって、あとの2人をどうするかとなったとき、大山が、

「柳川の兄弟の名代として、黒澤会長にお願いしたい」

と強く望んで、そこからおのずと黒澤の側近で岸和田市議、米津の盟友である大西の名が出て来たのだった。

大山はかねて極真門下生から国会議員を出したいという夢があり、その夢を大西に託していた。米津は前年の春、極真会館総本部総裁室において、大山が大西に対し、

「君、鯨はどこにいるのかね。そうだよ、大きい海原で堂々と泳いでいるのが鯨だよ。小さい川では死んでしまうよ……。君は鯨になりなさい。極真門下初の国会議員になりなさい。君が国会議員を目指すのであれば応援するよ。だから極真に戻ってきなさい」

と話すのを強烈な印象で記憶していた。

こうして5人の証人が決まって、彼らが立ち会うなか、聖路加国際病院971号室において、4月17日と19日の両日にわたって、大山が口授し、弁護士の米津稜威雄が筆記して作成された危急時遺言書は、5月9日、東京家庭裁判所に提出された。

内容は12項にわたったが、眼目は「極真会館、国際空手道連盟の大山倍達の後継者を松井章奎と定める」ことで、他に、梅田嘉明は松井の後見役として極真会館と極真奨学会などの関連団体を監督すること、松井は極真会館新会館建設の第2次委員長として新会館を建設することなどが記されていた。

また、大山の個人名義になっていた池袋の極真会館の建物は、極真会館側に寄贈すること、その他の財産は妻と3人の娘に分与すること、その妻子には今後極真会館からそれぞれに毎月10

0万円を支払うこと、妻子4人は極真空手道には一切関係しないこと――などとあった。

この遺言書の証人となってその場に立ち会い、大山の言葉を直に耳で聴いた黒澤にとって、それは一字一句、すべて真実であった。

ところが、この危急時遺言を巡って、その作成に疑惑ありとして、大山の歿後、後継者争いが勃発、極真会館は松井派と支部長協議会派に分裂し、その後も揉めに揉めていく。

その有様は、まさに自分が経験した山口組と一和会さながらの分裂騒動の再現を見るようで、黒澤は暗澹たる気持ちになった。

「なんちゅう因果か！……」

と嘆かずにはいられなかった。

大山倍達が極真会館の後継者として、松井章奎を選んだのは、正真正銘、紛れもない事実であった。

それを嘘だとか、認めないと言う弟子がいること自体、黒澤には武道家として理解することができなかった。他の誰でもない、自分たちの親であるはずの師が言ったことなのだ。

大山が死去したとき、松井章奎は弱冠31歳だった。13歳で極真会館に入門し、約1年で初段を取得、3年後、17歳で第12回全日本大会に初出場し、4位入賞していた。

昭和60年、22歳のとき、第17回全日本大会で初優勝、翌年5月に荒行の百人組手を完遂、同年11月の第18回全日本大会で2連覇、翌年11月の第4回世界大会も制し、全日本・世界大会3連覇という快挙を成し遂げたのだ。

つまり松井は24歳の若さで、百人組手完遂、全日本2連覇、世界大会制覇という、いまだかつて誰も果たしていない大記録を作った男だった。

その華麗にして荘重な空手を指して、〝不世出の天才〟とも〝貴公子〟とも異名をとって、多くのファンを持つ、極真の若きスターでもあった。

黒澤が大山から初めて松井を紹介されたのは、平成6年4月18日——死の8日前、入院中の聖路加国際病院の病室でのことだった。

松井はネパールで開催される第6回アジア大会に赴く挨拶も兼ねて、大山を見舞いに訪れたのだった。

大山が黒澤に、

「若いけれども、今回、私の名代でネパールに行かすんですよ」

と紹介する顔には、厳しさと慈しみが相半ばしていた。それまでも大山の口から、「後継者は松井」とはっきり聞いていたので、黒澤はある種の感慨を以って、松井を見遣《や》った。

「名代」という大山の言葉を重く受けとめた様子で、松井の顔がたちまち引き締まった。

なるほど、評判通りの天晴れな若武者ぶりやないか！——黒澤は内心で唸り、大山という武道家の眼力に改めて感じ入ったものだ。

松井たちが病室を去ったあとで、大山は黒澤に、

「会長、あの松井は頭のいい子なんですよ。私の言ったことの意味を、誰より理解してくれるはずです」

としみじみ述べた。

大山の肺癌が見つかり（本人には告知せず）、聖路加病院に入院したのは3月17日のことだが、その5日後には、大山は病院側の制止を振りきって強行退院していた。

が、総本部の自室で静養生活を送っているうちに、容態が悪化、4月15日、大山は再び同病院への再入院を余儀なくされてしまう。

その最後の入院生活12日間を、毎日欠かさず見舞っていたのが、黒澤、大西、米津の3人だった（内弟子の黒田都士は毎日病室に詰めていた）。

黒澤が大山から「後継者は松井」と打ち明けられたのは、松井と会う以前、大西も同席していたときのことだ。

「会長、2代目として誠も考えたんですが、松井にしました」

「誠」というのは、第11回全日本大会優勝、第2回・第3回全世界大会を連覇した中村誠のことで、当時42歳、大阪南・兵庫支部長をしていた。第12・13・14回の全日本大会3連覇を果たした、同世代の三瓶啓二（福島県北支部長）とはライバル視され、松井が台頭してくる前は、極真の〝三誠時代〟といわれたものだった。

「総裁のお考えでよろしいんじゃないですか」

と、黒澤も応えた。彼はむしろ大西を通して中村誠のことをよく知っていたので、大山が誠の名を出したのは、自分への気遣いであるということもわかっていた。

すると、黒澤の脇にいた大西が、

「押忍！　総裁、ありがとうございます」

と礼を述べたので、

「何がだね、大西？」

大山が怪訝そうに訊いた。

「押忍、中村先輩のことをそこまでお考えくださってることが嬉しかったものですから」

「そうか。君は誠と親しかったんだね」

「押忍」

「そんなことより、大西、わかってるな」

「は？」

「おまえは鯨になるんだよ。国会に行くんだよ」

「押忍、総裁、自分は若造ですし、まだ時期尚早かと……」

「バカ者！　男はそれぐらいの気概を持たないでどうするんだ！　ここにおられる黒澤会長の前で今すぐ誓うんだ」

黒澤が眼に笑みを湛《たた》え、静かに頷いているのが、大西の目に入った。

「押忍！　総裁、自分は必ずや国会議員になって見せます！」

「それでいいんだ、大西。極真魂だぞ！」

「押忍！」

「黒澤会長、こいつのこともそうですが、ともかく松井を頼みます。彼は若いが組織をまとめられるだけの器量を持ってる男です。なんとか松井を支えてやってください」

「わかりました。微力ではありますが、精一杯やらせて戴きます」

遺言書を口授し終えたあとの大山は、黒澤たちにも内容に関する話をすることは一切なかった。

黒澤が病室に顔を出すと、ベッド上の大山は、決まって付き人の黒田に、

「ちょっと起こせ」

と言って起きあがろうとするので、

「総裁、そのままで。横になっていてください」

「いや、このほうが楽なんですよ」

と起きたまま話をするのが常だった。

ひたすら「松井を頼みます」という話になって、黒澤が、

「承知しました。ですが、総裁、私は決して表に出ることはありませんよ」

と応えると、大山は一瞬困ったような顔になって、

「会長に表に出て貰わないと困るんだけどな」

と言って笑った。

それが黒澤の見た大山の最後の笑顔となった。

5

ネパールのアジア大会に参加していた松井章奎一行が、成田空港に到着したのは、4月26日午前8時、ちょうど大山倍達が死去した時刻であった。

ネパール訪問団が予定を1日早めて帰国したのは、東京の米津等史から松井に、

「総裁がいよいよ危ない」

との国際電話が入ったからだった。

松井からそのことを伝え聞いた一行の郷田勇三や松島良一ら先輩師範は、

「えっ、総裁が?!　そんなに容態がお悪かったのか……」

と、一様に驚愕したものだ。大山の病気が肺癌で長くないことを知らされていたのは、一行の中では松井だけだったからだ。

ここに至って、松井ももはや隠しだてはできず、皆に本当のことを打ち明けざるを得なかった。

真相を知った郷田や松島は、松井に対して本気で腹を立てた。

「バカヤロ！　末弟のくせしやがって……そんな大事なこと、何でオレたちに教えてくれなかったんだ！」

ただ、怒りながらも郷田には、

〈ああ、そういうことだったのか〉

と腑に落ちることがあった。

1週間前、東京を発つ前日、松井とともに聖路加国際病院に、ネパール行きの報告を兼ねて大山を見舞ったとき、郷田は大山から、

「君ね、松井は私の名代だからね」

と念を押されたことに、奇異な感を持ったのだが、その謎が解けたような気がした。

〈総裁は御自分の死を、ある程度、予期されておられたのだ。だから、名代、つまり後継者は松井と、このオレにもはっきり伝えとこうとしたんだな〉

郷田はこのとき、確信を持ったのだった。

訪ネパール団は、成田空港から車で東京・中央区の聖路加病院へと直行、大山の個室へ駆けつけたが、わずかの差で間に合わなかった。大山はつい1時間ほど前、永遠の眠りに就いたばかりであった。

目を真っ赤に泣き腫らした米津等史が、松井に、

「総裁は、まだか、まだかって、ずっと松井君の帰りを待ってましたよ。最後は、次第に呼吸が遠のいていくような感じで静かに息を引きとられました」

と告げた。黒澤からも、

「総裁が最後の最後まで私に仰ったのは、松井を頼むってことばかりでしたよ」

と言われたとき、松井はついに涙を堪えきれなかった。

さらに黒澤は駆けつけてきた一同に向け、

「見事な最期でした。亡くなられたとき、私もつい総裁のお顔に、『総裁、立派でしたね』と声をかけずにはいられませんでした」

と披露したものだから、病室はしばらく大山門下生たちの嗚咽が収まらなかった。

松井が、横浜東邦病院院長の梅田嘉明から、横浜の自宅に呼びだされ、

「君だけに言う」

と、大山の病状——末期肺癌で、よもや長い命でないと告知されたのは、誰よりも早かった。

ショックを受けた松井が、相談した相手は、のちに「イトマン事件」で悪名が轟き、〝バブル経済の怪人〟やら〝闇の帝王〟といったダークな形容句で呼称されることになる許永中であった。

世界大会で優勝したのち、松井は現役引退を表明し、いったんは極真会館を離れていた時期があり、そのとき社会人として世話になった恩人が、許だった。

許から実の息子のように可愛いがられた松井にすれば、彼は信頼できる家族であり、社会的な師とも仰ぐ人物であった。

「そら、大変や」

松井から大山の話を聴いた許は、すぐさま松井とともに梅田のもとを訪ねた。

もともと許と大山とは親交があり、松井が一時、極真を出て、許永中の関連会社に就職していたときも、大山は、

「私が松井を許永中会長のもとに預けていたんです」

と公言していたほどだった（実際は松井の独自のパイプによる就職であったが）。

梅田から確認をとり、大山の真の病状を知った許は、

「私は外部の人間ですから、差し出口とは重々承知しておりますが、ただただ敬愛する大山総裁、並びに総裁が築きあげた極真を心から愛する者として私心なく申しあげます。梅田先生、どうか先生のほうから大山総裁に、この際、後継者を指名してくださるよう、進言なさるべきだと私は思うのです。梅田先生がそれを促されたら、大山総裁もノーとは言わないと思います。あれほどのお方ですから、病状のことは告知するまでもなく、すでに御自分で察していると思いますし、梅田先生が後継者をお決めくださいと仰れば、何もかも悟られて、総裁はそうなさると私は確信致します」

「私がその任に適任かどうかはともかく、仰る通り、極真のためにもこの際はっきりと、大山総裁の後継者を決めて戴かねばならないというのは、まさにその通りだと思います」

「いえ、梅田先生であればこそ、大山総裁はお聞きくださると存じます。やはりこれだけの世界的な大所帯、それをきちんと明示して戴かないことには、組織が混乱するのは目に見えてますからね」

「ごもっともな話です。私とて学生の時分から極真でずっとお世話になってきた身、極真を愛する気持ちは誰より強いと自負しております。わかりました。さっそく動きますよ」

こうして梅田主導で事は動いていき、大山との話しあいのなかで、「危急時遺言書」作成にまで至ったのは知られる通りだった。

言ってみれば、許永中というある種の怪物、人間社会の表も裏も知り尽くし、組織の何たるか

を知り抜いた男の提言によって、大山遺言への筋道ができるきっかけになったといっていい。大山と親しいとはいえ、極真の外部の人間であったことも、忌憚なく物申せ、梅田の背中を押せたとも言えるだろう。

とはいえ、許の口から後継者の名として「松井」の〝ま〟の字も出てこなかったのはいうまでもない。そのへんは許も、よく自分の立場を弁えている男だった。

だが、こうした松井と許永中との深い関係、あるいは「危急時遺言」の証人として登場した元三代目山口組幹部・黒澤の存在が、後々の極真会館後継者争いのなかで、〝反松井派〟たちに、「松井叩き」の格好の口実を与えたのは確かだった。

大山倍達が晩年、後継者の条件としてよく口にしていたのは、

「全日本大会、世界大会を制覇し、百人組手を完遂した者。何より若手であること。30代であるならなおさら望ましい」

というもので、この条件にすべて適う者は松井をおいてなかった。

とりわけ大山がこだわったのは、「若手であること」で、まるで松井に当て嵌めて条件を出しているのではないかと思えるほど、大山が松井に目をかけているのは、誰の目にも見てとれた。が、いかんせん、その若さがある意味で松井の弱点となり、早くから大山に引き立てられたことと併せて、他の門下生たちの妬みややっかみを買ったのは否めなかった。

なにしろ、松井は全国に50人いる極真会館支部長の一番下、門下生の末弟に当たった。

松井が二代目館長を継承して、間もなくして極真会館が分裂したときには、その50人のうち40

人が、「反松井派」にまわったのだから、それは見事なものだった。

一貫して松井二代目館長を側近として支え、極真会館本部長という参謀役を担ってきた山田雅稔は、極真が割れた直後、黒澤から、

「男を売る稼業とか男を語る商売の人間ほど、実態は女々しいんだよ」

とボソッと言われたのが、印象に残っていた。

「極道の世界もそうだった。ヤキモチ焼きが多くてな、往生したもんさ」

苦笑しながら言う黒澤に、山田も、

「本当ですか、会長、信じられないですね、任侠の世界が……」

驚きを隠せなかったが、極真会館に起きた、今度の自分たちの分裂騒動を振り返っても、思いあたることが多かった。

「でも、自分たち空手の世界も同じです。今回、自分は痛感しました。割れたときには、あっちにも良いことを言い、こっちにも良いことを言う先輩が出てきたり、両方に保険かけてて、最後は真ん中に落っこっちゃったヤツもいました。最初は自分らにいいこと言ってたくせに、最後はパッとあっちに乗っかってしまう者とか……てっきり反松井派と思っていた先輩が、こっちに寄ってきて、『山田、松井のこと悪く言うヤツばっかりじゃないぞ』って言うので、『先輩、それは本人に言っときますよ。喜ぶと思います』って応えたら、分裂のきっかけになった会議があったとき、我々が詰めていた本部に来て、ワーッと自分に突っかかってくる人たちのなかに、その先輩がいたり……まあ、いろんな人の姿が見えてきましたね」

黒澤がうんうんと頷きながら、山田の話を聴いていて、

「けど、山田本部長、郷田師範やあなたのように、何があろうとまったくブレない男たちもおるんだから、私も心強い限りです。まず、他の誰でもない、身内の支部長たちが、若い館長を守り立てていくのが肝心ですよ」

と言ったとき、「押忍」と応えながらも、山田は黒澤に痛いところを突かれたと、背中を冷汗が流れる思いがした。

確かに二代目館長に就任する前の松井は、極真門下の末弟で、全国の支部長でいえば、一番下に来る後輩であった。

武道の世界は徹底した縦社会、後輩が先輩に対して礼を尽くすのは当たり前で、自分が座っているところに先輩が現れたら、立ちあがって「押忍《オス》！」と頭を下げる世界である。先輩から後輩にというのはあり得ない。

その習性が抜けず、松井二代目館長に対しても、後輩感覚が残っていて、ついつい礼が怠りがちになった。

それを黒澤はいつだったか、極真会館の新体制下の緊急会議に出席した折、自分が先に着いて座っていたのを、松井が入室するや、サッと立ちあがり、彼に深々と礼をしたものだった。新館長に対する礼儀を、自ら率先して見せたのだ。

これには山田たちも慌てて黒澤に倣ったものだが、黒澤はそのことを指摘しているのだった。

「身内の者や先輩支部長たちが、若い館長を立てないで、誰が立てるんですか」

と黒澤は、口癖のように言ったものだ。

それ以来、山田もそのことを徹底するようになった。大会であれ、会議や食事会であれ、いかなる会場でも、松井より先に座ったり、立ったりしない。大山先代館長に対すると同様の礼を尽くして迎え、見送る。車の乗り降りも同様であった。

黒澤は皆に、こんな逸話も披露してくれたのだった。

「私の親分の田岡一雄が三代目を継承したときもそうでした。若い衆は二代目時代からの先輩や兄イ連中ばかり。そこで若い三代目を売り出すために、兄イたちはどうしたか？　安原政雄という名の通った兄イが、旅先の風呂場でいつも田岡親分の背中を流したんです。すると、あの安原ほどの男が背中を流してるのは誰だって評判になって、田岡三代目の名はいっぺんに広まっていったんですよ」

6

大山倍達の義兄弟・柳川次郎と関係の深い人ということで、松井も黒澤明の名前だけはかねがね知っていたけれど、大山が亡くなる1週間前、聖路加国際病院で会ったのが初めてだった。

それ以来、極真会館の相談役的な立場で、何かと世話になり、交流が始まるのだが、松井の眼にも、極道渡世にいた人には見えなかった。すでにカタギになって久しく、実業家として活躍中の身で、ビシッとスーツを着こなしたロマンスグレー、会話も知的でスマート、銀座で飲む姿もカッコよかった。

黒澤も若い時分、空手をやった経験があると聞いたので、松井はその握った拳を観察したことがあったが、

〈ああ、確かにこの手は、空手にしろ何にしろ、かなり人をぶっ叩いたことのある手だなあ〉

と認識でき、〝南海の虎〟の異名をとった若かりし時代が彷彿としてくるのだった。

黒澤はよく松井に、大山が松井のことをどんなふうに言っていたか、折に触れて話してくれたものだ。

「遺言書を口述された前後のことだったたか、私は総裁から、『黒澤会長、ちょっと』と枕元に呼ばれてね、こう仰るんですよ。『会長、松井のこと、よろしくお願いします。あいつは私の言うことを本当に聞かない男なんです。だけど、あれはやると言ったら必ずやる男ですから、会長、どうかひとつ、松井を見守ってやってください』って。いかに総裁が、松井館長のことを思っていたか、推して知るべしというもんです。不世出の武道家に見込まれたら、館長、やるしかありませんな」

笑顔を向けて話す黒澤の包みこむような温かさに、松井も、

「押忍。身に沁みるお話です」

ありがたくてならず、改めて大山の愛情を思い知った。

大山にあとを託されたという思いが強かったのだろう、黒澤は陰になり日向になって、松井新館長のことを守ろうとしていた。

松井が極真会館二代目館長を継承して、1年ほど経ったときのことであったろうか。

その夜、松井は銀座で知人との会席を終え、帰途に就いたのは、少し遅い時間だった。

自ら車を駆って、浅草の自宅へ高速道路で帰ろうと銀座の土橋から乗りあげたとき、前方を黒いベンツがフラフラと走っていた。

〈あ〜、モタモタ走って危ないな〉

運転しながら思っても、1車線なので、追い抜こうにも追い抜けず、2車線になったときに初めて松井はベンツを追い越した。

だが、そのベンツは、高速道路料金所入口前に先に着いて、松井の車を待っていた。

松井の車がやってくるのを見るや、ベンツからバーッと飛び出し、駆け寄ってきたのは3人組だった。パンチパーマの者もいて、見るからに険悪ないかつい顔の男たち。組関係者に違いなかった。

彼らは自分たちの車を追い越した、身のほど知らずの人間に腹を立てていた。

「おいっ、こらっ！　てめえ、降りろ！」

停車した松井の車をバンと叩いてくる。

仕方なく車を降りた松井に対し、彼らは問答無用と殴りかかってきた、否も応もなかった。

避けようもない事態に、松井もとっさに躰が反応してしまう。戦う男の本能というか、身についた習性、条件反射としか言いようのない動きになって、拳を振るい、蹴りが出て、

〈あっ、こりゃいかん……〉

松井がそう思ったときには遅かった。あっという間に3人を叩きのめし、彼らは地に長々と伸びていた。

「ガツン！」というアスファルトに後頭部を打ちつける鈍い音も聞こえたことが、松井を慌てさせた。

〈ああ、こりゃマイッたなあ、やってしまったかな……〉

極真会館の道場の床は板であっても下にクッションが付いていたから、思いきり頭を打ちつけても失神することはあっても死ぬことはなかった。

ついその伝でやってしまったのだが、松井は伸びている3人を見て、

〈ヤバいなあ〉

と嘆息した。正当防衛とはいっても、やり過ぎであろう。

後ろを見ると、高速道路に乗ろうとしている車が、ヘッドライトを点けたまま何台も停まっていた。

松井は仕方なくひとまずその場を引きあげることにしたが、帰宅しても落ち着かなかった。

翌日の新聞にも記事にはなっていなかったので、とりあえず安堵したものの、松井は気にかかり、相談した相手が黒澤だった。

「実は会長、昨日、高速道路でトラブルになり、人をぶっ叩いてしまいました」

「ほう、どうしました？」

「いきなり襲いかかられて防ぎようもなく、つい少々手荒くやっつけてしまいました。頭をゴッ

ンとアスファルトに打ちつけてそのまま失神したヤツもいて、もしかしたらと心配しております」

「ふ〜む、それはまずいな。君は今が一番大事なときだからね」

「押忍。申しわけありません。自分が未熟なばかりに……」

「いや、やってしまったものはしょうがない。まして相手がヤクザ者なら、降りかかる火の粉は振り払わなきゃならんからね。相手が相手だ。事件にはならんだろうが、仮に死んでたりした場合か……ふ〜む……」

黒澤は少しの間、考え込んでいた。やがて、

「よし、わかった。もし、何かあったら、代わりを出そう。うちのほうでなんとかするから、心配することないよ、館長」

ときっぱり言った。もし、松井の一件が事件化されるようなことになれば、黒澤引退後、旧黒澤組を継承する形で旗あげし、四代目山口組入りした黒誠会の組員の中から身代わりをつとめて貰う——と、黒澤は言っているのだった。

当時、黒誠会は、五代目山口組若頭補佐までつとめた前田和男初代会長が平成5年9月に病歿し、二代目剣《つるぎ》政和会長体制になっていた。剣は黒澤からすれば孫分に当たる男であったが、

「剣に言ってなんとかするから」

と言うのだから、これには松井も驚愕し、

「いいえ、会長、とんでもありません。私は顔も見られてますから、それは通らないかと思いま

す」

と辞退したものだが、黒澤はそれくらい親身になって松井を守ろうとし、新生極真会館の行く末を案じ、大山の遺言を果たそうとつとめた男だった。

幸い、この騒動は、松井にKOされた3人の身に厄介なことが起きなかったと見え（実は起きていたのだが）、事件とはならず、その後も何もなく、一件落着となった。

ところが、これには後日談があって、それから半年ほど経ったときのこと。

都内のホテルで武道関係の立食パーティーがあり、松井も出席したところ、旧知の先輩とバッタリ会った。

昔はヤンチャで鳴らした先輩で、よく知っていて久しぶりだったから話も弾んだが、そのうちに相手が思い出したように、

「そうそう、松井君、半年くらい前、3人組のヤクザ者、ぶっ飛ばしたことがあったろ」

ニヤッと笑って訊いてきた。

「えっ、先輩、何で知ってるんですか⁈」

松井も驚いたが、その先輩によれば、話はこうだった――。

彼と仲の良かった同級生で、本物のヤクザになって今や偉くなっている男がいて、その都内の事務所に遊びに行ったときのことだ。そこの若い衆から聴いた話が面白かったのだ。

ある夜、事務所で彼らがボーッとテレビを見ていると、空手の番組となって、瓦割りを始めた男の顔がアップになるや、そこにいた3人が、

「あっ、こいつだ！」

と、揃って声をあげた。

ブラウン管に映しだされた空手家こそ松井で、半年前、彼に叩きのめされた3人組がたまたま事務所に居あわせたというわけだった。

松井の先輩は、こう続けた。

「そいつらからそんな話を聞かされても、むろんオレは知らぬ顔を決め込んだけどな。けど、松井君、あれはホント、ヤバかったよ。3人とも大怪我で、2人は長期入院、アバラ骨を折ったのと、あやうく死にかけたヤツもいたらしいからな」

松井にすれば、2度ビックリで、危機一髪だったのだなと、改めて己の幸運を噛みしめずにはおけなかった。

黒澤の手を煩わせずに済んだことも、松井には何より胸をなでおろしたことであった。

〈黒澤会長はやるといったら必ずやってくれる人だから、なおさらあんなことで、会長のお力をお借りするわけにはいかないのだ、絶対に。それにしても、あれほど信義に厚い人もいないないなあ〉

松井が思い出したのは、黒澤が行きつけにしている大阪・北新地の「ダーリン」という老舗クラブの老オーナーから聴いた話だった。

彼は松井に、往時を忍ぶように、しみじみと語ってくれたものだ。

「ワシも今までいろんな親分言われる人を、ギョーサン見てきとるんやが、あんなカッコええ男、ついぞ見たことないなあ。ごっつう男前やし……黒澤明はんや。三代目山口組が全盛の頃やな。広島刑務所で長い懲役つとめはって帰ってきて間なしやったけど、あの人はあっという間に売り出していきよったんや。昭和50年代やな。

北新地のビルの地下にあったワシの店『ダーリン』は、それこそもう夜な夜な黒澤はんのサロンのようになっとったわ。そら、代議士の事務所やないけど、陳情客でいっぱいなんや。みんな黒澤はんのお客や。大概はカタギの人やな。実業家とか社長連中が多かったんちゃうかな。そら、なかには黒澤はんの知恵を借りに来とったヤクザ者もおったかも知らん。

そないな人らが各ボックスごとにひしめいとってな。そこを黒澤はんは順番にまわって一緒に飲んで、陳情を聴いて相談に乗ってやったりしとったんやが、まあ、あないに人気あった人はおらん。役者とヤクザは一字違いの同じ人気稼業や言うけど、ワシは黒澤はんを見て、それを実感したわなあ。ホンマに毎晩なんやから。

顔もあの通り男前やし、頭もええ。所作から何から惚れ惚れするほど様になっとって、オシャレやし……そら、女にモテるのも当たり前やわな。誰でも知っとるような芸能人も連れてきとったわ。うちの女の子もみんな黒澤ファンや。あんなカッコええ男はおらんよ、ホンマに。

えっ、褒め過ぎやて？　そら、そうやな。ワシは親しくして貰《もろ》てたし、うちの店の一番のお得意さんやったさかいな（笑）。そこは割り引いて聴いて貰《もろ》て構わんで。

三代目が亡くならはって、山口組もあないに割れてもうてな、あの人はどこまでも『田岡三代目命』いう人やったさかい、進退窮まって、ああいう身の引き方をせざるを得んかった。けど、あれで良かったんと違《ちゃ》う。ヤクザ界は輝けるスターを失《うしの》うてしもたわけやけどな……ワシらからしたら、カタギの世界へようこそ、ウェルカムってとこやろ」

大阪・北新地の名門クラブの老オーナーの話は、さもありなんと、松井にも頷けることが多かった。

松井にしても、黒澤がカタギになったればこそ、極真会館相談役に就任して貰い、堂々と交流できるようにもなったわけで、黒澤の極道渡世からの引退は、松井たちにはむしろ僥倖であったに違いない。

山口組のキッシンジャーと呼ばれた男

第六章

胸の隙間を埋めるため

マニラの事務所執務室での黒澤氏

1

フリーカメラマンの平早勉が、野村秋介から初めて黒澤明を紹介されたのは、昭和61年6月2日夕方、東京・赤坂の「ぱあといん乃木坂健保会館」にて「石川重弘カメラマン救出を祝い、同君を励ます一夕」が開催されたときのことである。

同パーティーは石川重弘救出に尽力した人たちをねぎらうとともに、石川の今後の活躍を激励しようとの主旨で開催されたものだった。

その案内状には、

《一度は国家エゴイズムによって棄てられた生命ですが、再び故郷の土を踏んだ男の数奇な運命に対し、何卒、暖かい御支援のほど併せてお願いします》

と書かれ、発起人代表は遠藤誠、野村秋介、黒澤明、山口裕康、キラム三世の5人。

参列者はおよそ250人で、会場は満員となった。

平早は写真週刊誌からこのイベントの撮影を依頼され、仕事としての参加だった。

だが、会場には4カ月前のフィリピン革命で知りあった野村秋介を始め、知った顔も多く、他にも中村武彦、遠藤誠、竹中労、鈴木邦男、丸山実など左右の過激派からマスコミ人、政治家、渡世人、芸能人……等々、多彩な顔ぶれが集まって、これほどユニークで面白いパーティーもなかった。

パーティーは午後6時、定刻通りの開始となり、最初の挨拶に立ったのは、遠藤誠だった。

「私は『救う会』の代表になってますが、本当は何もしてない。ほとんど野村さんや黒澤さんたちがやった。ただ、ある日、野村さんが電話をかけてよこして、『これから笹川に会ってフィリピンへの旅費を出させようと思うがいいか』と聞いてきた。私は持ってる人から出して貰うのはいいでしょうと考えた。それからWという男が野村さんと揉めて、私のとこに助けてくれと電話をよこした。『野村がWを殺すと言ってる。殺さないように言ってくれ』と。だから、私は言ってやったんです。『人間はいつか死ぬんです。殺されたっていいでしょう。早いか遅いかだけの違いです』。それ以来、彼から連絡は来ません。この事件に関わったというのはそのくらいです」

会場からドッと笑いが起き、続いて壇上に立ち、挨拶したのが、石川救出劇の陰の主役である黒澤明だった。

「……1年2カ月、ゲリラを相手に押したり引いたりしてきました。埒が明かなかったですが、最終的にはいい友人を持っていたからできたことです。去年の9月、これは野村さん以外、相談する人間はいないと思い、話を持ちかけたんです。野村さんは、90％以上は黒澤の力だと言ってくれてますが、見事に画龍点睛をしてくれたのは野村さんです。私も今まではカニのように横に歩いてきましたが、これからはまっすぐ歩いて行きたいと思ってます」

すでにパーティーの開始前に、黒澤のことは野村から紹介されてはいたが、いったい彼がどういう経歴の持ち主なのか、平早は何も知らなかった。

名刺を交換し、少し話した感じも、きわめて紳士的で知的な印象を受けたが、平早にすれば、

〈あの政情不安定で治安も悪いフィリピンで、しかもモロ民族解放戦線というホロ島のとびきり過激なゲリラを相手に交渉し、1人の日本人を救出するなんて、信じられない。そんなことができる日本の民間人がいようとは!……とてもタダ者とは思えない〉

との思いが強く、野村秋介と同じ匂いが感じられてならなかった。

平早が野村秋介と初めて出会ったのはマニラでのことで、この年2月23日、まさにフィリピン革命の真最中のときだった。

マルコス政権に対し、ラモス参謀総長代行が反乱を起こして少数の兵士とともに立て籠ったキャンプ・クラーメを取材中のことである。

基地《キャンプ》現場近くにはすでに何千何万人もの民衆が集まり、ゲート内側には重機関銃が据えられ殺気だっていた。ラモス反乱軍に対し、政府軍が戦車攻撃をかけてくるとの情報も流れ、市民たちがラモス軍を守ろうと、アスファルト道路に土嚢を築き、バスや乗用車のバリケードを築いていた。

そうした騒然とした状況下、平早はキャンプ内に入って写真を撮り、精力的に取材を行っていた。世界からジャーナリストは集まっていたが、日本人は平早以外見当たらなかった。

さらに3階のプレスクラブに上がって取材を続けていると、ポンと背中を叩かれ、

「ユー・ジャパニーズ?」

と声をかけられた。それが野村秋介だった。

石川救出を目前に控えてマニラ滞在中の野村は、フィリピン革命を目のあたりにして血が騒い

でならず、矢も楯も堪らず、動乱現場に駆けつけてきたのであった。

いったい野村は、厳重なチェックがある、この基地内にどうやって入りこんでこれたのか、平早は不思議でならなかった。

「なあに、鉄兜の兵隊に、オレは日本人ジャーナリストだって言ったら、歓迎されたよ」

野村の答えに、平早は唖然とした。確かに野村は日本でなら、平早も知っていたほどの有名人だが、フィリピンの兵隊が知っているはずもなかった。

が、すぐに、兵隊も野村の持つオーラか迫力に圧《お》されたんだろうな――と、思い至り、

「野村さんの場合、顔がプレス証になるんですね」

「まあ、そんなところだろう」

2人はフィリピン革命の真っ只中で笑いあった。それ以来、親しくなったのだ。

翌3月には、野村たちは見事、石川カメラマン救出を成功させ、晴れてこの日の祝賀パーティーを迎えたという次第だった。

野村から平早を紹介された黒澤は、

「ほう、あなたですか。マルコスが脱出したあとのマラカニアン宮殿に乗り込んだたった1人の日本人ジャーナリストというのは」

と愉快そうに笑顔を向けてきた。

「はい。野村さんとキャンプ・クラーメでお会いした翌々日でした。銃の音が聞こえてきて怖かったんですが、こんなチャンスは2度ないと思ってマラカニアンに飛び込みました」

「そりゃ、よかった。それでこそジャーナリストというもの」

黒澤は平早に握手を求めてきた。

「あなたはまた取材でフィリピンに来るんでしょ」

「ええ、革命後のフィリピンを定点観測するつもりでいます」

「それなら今度来たら、私のとこに寄ってくれたらいい。私も石川君を救出して、向こうでの役目は終わりというんじゃない。まだあっちでやることもあるんでね、当分いることになると思います」

「ぜひ伺わせて戴きます」

実際、平早はフィリピン革命後、よく取材でマニラを訪れた。

翌62年2月25日には、フィリピン革命の1周年記念祭がマニラを中心に大々的に開催され、このときも平早の姿はマニラにあった。

アキノ大統領ら出席のもと、2月政変の発祥の地・アギナルト基地内で執り行われた国旗掲揚式、並びに基地近くのエドサ通りに設営された大ステージでの記念コンサートを取材したのだ。コンサートには日本から加藤登紀子や山本コータロー、アメリカからピーター・ポール&マリー（P・P・M）という60年代後半に流行った反戦フォークグループが出演、会場は熱狂に包まれた。

こうした取材に限らず、平早はフィリピンに来るたびに、黒澤の住まい兼事務所を訪ねるようになった。

平早のマニラにおける常宿は、マビニ通りのアンバサダホテルで、ちょうど筋向かいに黒澤のアパートがあった。1階がラーメン屋で2階が彼の事務所だった。

平早が訪ねると、黒澤は大概在宅で、この時期、日本にいるよりフィリピンにいるほうが多かったのだ。

黒澤は現地ではロベルトという若者を運転手として雇っていたが、他にお付きの者もなく、女性と住んでいる様子もなかった。

アンバサダホテルで旅装を解いた平早が、アポイントなしで訪ねても、馴染みになったロベルトが表で洗車していて、

「ボスはいるよ」

と2階を指差す。「サンキュー」と平早も2階に上がっていく。

黒澤はいつ平早を迎えても、

「よおっ、いらっしゃい」

と歓迎してくれるのだった。大抵は1人で短パン姿でいることが多く、平早に対しても偉ぶった様子はなく、常に対等目線であった。

平早もフィリピンに来れば、1カ月近く滞在することになるので、おのずと黒澤と会う機会も多くなった。

「日本料理恋しくなるだろ。朝ご飯、食べにおいでよ」

と誘われ、朝起きてすぐに真向かいの黒澤のアパートを訪ねたことがあった。

すると、黒澤は自らの手料理でご飯、豆腐のミソ汁、納豆、焼きジャケの朝食を用意してくれるのだ。それがまた滅法旨く、平早は、

〈元山口組の幹部だって聞いたけど、こんな美味しい朝ご飯まで作れるこの人は、いったい……〉

と感激しつつも、不思議に思わずにはいられなかった。

あるとき、日本からマニラに来ていた野村秋介と竹中労が、黒澤を訪ねてきたことがあった。たまたま平早も居あわせたので、一緒にこのメンバーに加わって食事をともにしたことがあった。

新右翼のカリスマ、〝喧嘩屋竹中〟と言われる反権力の硬骨ルポライター、かつて〝山口組のキッシンジャー〟の異名をとった元極道——という異色のユニークな組みあわせに平早もフォト・ジャーナリストとして内心で興奮し、3人の写真をバシバシ撮った。

そんな4人の異国での食事会の最中、美空ひばりの話題になったのは、竹中がひばりについて何冊も著作があるほど、ひばりに入れ込んでいる物書きでもあったからだが、黒澤と野村もひばりとほぼ同世代、特別な思い入れがあった。

唯一の戦後生まれ（昭和23年）の平早とてひばりの歌は愛して止まなかったので、耳をそばだてていると、黒澤が、

「私は若い頃、佐々木道雄に言われて、お嬢のボディガードをしてたことがあったですわ。佐々木は田岡の親分の神戸芸能社の担当みたいになってましたから、いわば、お嬢のガードの責任者でね、私らもよくお嬢の公演に付いて行きましたわ」

平早には初耳だった。

〈へえ、あのひばりさんのガードとは！　会長にもそんな過去があったんだ……〉

黒澤のヤクザ時代のことをまるで知らない平早は、初めてその一端を窺い知ったような気がしたものだ。

黒澤と交流しているうちに、平早にもわかってきたのは、マニラでは表であれ、裏であれ、黒澤が相当な〝顔〟であるという現実であった。

黒澤の事務所があるマビニ通りは当時、新宿・歌舞伎町並みの歓楽街で、大勢の美人フィリピーナを揃えた高級クラブが軒を並べていた。そうしたなか、黒澤は知人から頼まれオーナーを引き受けていた店もあったほどで、夜のドンといってもいい存在感があった。

マニラの表社会においても然りだった。あるとき、平早は黒澤に、

「スモーキーマウンテンを取材したいんですが」

と相談したことがあった。マニラでも有名なスラムで、よそ者は近づけない危険地域であった。

「よし、じゃあ、私が知ってる警察署長に話してみよう」

と黒澤が請けあい、その署長と連絡をとり、スラム取材の件を話すと、

「ＯＫ、うちでガードをつけるから任してください」

と二つ返事で引き受けた。

警察の車を用意し、平早を現場まで連れて行ってくれたばかりか、当の署長を始め、ライフル銃を持った5人の警察官のガード付きだった。

平早にすれば、ありがたくはあったが、警察の護衛付きでは取材にならなかった。スモーキーマウンテンの連中は、警察の姿を見れば、絶対に表には出てこないからだ。

仕方なく平早は後日、改めて現場に出向いて撮影し直さなければならなかった。

その警察署長のところにも、平早があとで1人で挨拶に赴くと、署長は、

「見てくださいよ、このエアコン」

と署長室のエアコンを指差して、

「もうガタが来て調子悪くて使えないんだ。あなた、どうか、黒澤会長にお願いしてくれませんか」

と言うから、平早も呆れ返った。警察署長が黒澤に、新しいエアコンをおねだりしているのだ。

いかに日頃から黒澤が彼らの面倒を見ているか、平早にも嫌でもわかる話だった。

2

黒澤が常々考えていたのは、フィリピンのために自分に何ができるか、できたら日比の架け橋になれるようなことに取り組みたい、そのために自分にできることといったら何だろうか——といったことだった。

もう金儲けとか欲得の話はいい。それより縁あってこうして関わりあいのできた、決して豊かとはいえないこの国の若者たちのために、何かお役に立ちたい、1人の日本の若者の命を救って

くれた恩返しがしたい——と、切に思うのだ。

平早は、そうした黒澤の志を知って、なんて大きい人だろうか、これぞ真の任俠精神というものではないか——と、ただ敬服するばかりだった。

イスラムゲリラから日本人青年救出という、日本国家ができなかった偉業を成しとげたばかりなのに、それに飽き足らず、なお弱者の立場に立って何かをやろうとしている黒澤の姿が、平早にはやたら眩しく感じられてならなかった。

黒澤は平早にこう語った。

「たとえば、学業優秀で向学心も旺盛、日本に留学したいけれど、経済力がなくてそれが叶わないというフィリピンの若者もたくさんいるだろう。そうした若者たちを支援するのも私の役目かなと思うんだ」

黒澤はその事業の構想を練っている最中であった。

そこから生まれたのが「日比友好留学生の会」で、黒澤は会長に就任、私財を擲《なげう》って取り組む計画を立てていた。

貧乏であるがゆえに日本に行きたくても行けないというフィリピンの優秀な若者を、留学させてあげたい——という黒澤の一念は、少しずつ確実に実を結んでいく。

ある日、平早は黒澤から、

「ちょっとつきあってくれないか」

と誘われ、マニラ市内のとある大学へお伴したことがあった。

車で大学に着くと、黒澤は平早と2人、キャンパスを通り抜け、向かった先は大学学長室であった。

黒澤は学長と面会し、学生の日本留学の件で話しあいをしているのだった。学長は黒澤の話に大いに頷き、感じ入った様子で聴き入っている。

ときに自分の意見も述べるのだが、それは明らかに賛同の意を示しているのは、黒澤の隣りに座った平早にも見てとれた。

黒澤のタガログ語はもはや通訳を必要としないほど達者だった。マビニ通りのナイトクラブでも、黒澤は女の子相手に俗語混じりのタガログ語で冗談を言いあえるほど、ペラペラなのも目のあたりにしていた。

〈けど、凄い人だなあ、黒澤会長は。野村秋介という人とはまた別の方向から、究極の男の浪漫を求めている人なんだな。まったくタイプの違う2人だけど……黒澤会長にしろ、野村先生にしろ、アウトローの独特の匂いが感じられるけれども、この2人の真似ができる人間なんて、他にいないだろうな。うん、それは間違いない〉

平早は、2人の熱い友情、強い信頼も、マニラや東京で間近で見て、肌で知っていた。

今回のホロ島の救出劇においても、2人の息の合った共闘、コンビネーションは見事なもので、野球でいえば、先発投手の黒澤が8回まで投げ切って1点差のリードを守り、最後の9回をクローザーの野村が締めたという感じであった。

オレと黒澤会長は、大勢の敵に囲まれながら、背中をくっつけて戦う鞍馬天狗と丹下左膳だよ

――と、よく野村が口にする言葉も、平早にはピッタリイメージできるのだった。

それほど2人の絆は強かったのだ。

〝山口組のキッシンジャー〟と呼ばれた黒澤の現役最後の日、つまり四代目山口組竹中正久組長誕生の前日にあたる昭和59年6月4日も、黒澤と野村は大阪で会い、酒を飲みながらいろんな話をしていた。

野村は著書の『汚れた顔の天使たち』（二十一世紀書院）でこう述べている。

《黒澤氏は一貫して山口組を割ってはならないという考え方だった。なぜかというと、自由民主党が戦後、独裁政権を保ってこれたのも、たとえば田中角栄と三木武夫があれだけ熾烈な戦いをしながらも、自民党を二つに割らなかったからなんだ。

だけど、いろんな状況の中から、山口組と一和会に割れるということがはっきりした段階で、この黒澤明氏は、「自分は田岡一雄から盃を貰った人間であるから、この際、オレはカタギになる」と言って、スパッと手を引いてしまった。

週刊誌なんかには、若い衆に裏切られてカタギになったなんて、くだらない臆測をする人がいるけど、そういうことはまったくない。逆に、自分の信頼する黒誠会の前田和男会長や清水の美尾尚利組長の2人を山口組の直参にして貰って、自分の若い衆はそのまま山口組に残して、自分1人はスパッとこの世界を引いてしまった。

この出処進退の明確さ、そして明晰な頭脳の持ち主が黒澤氏なんです。人間的にもずば抜けて魅力のある人で、僕も親しくして貰っているわけです》

また、野村は石川カメラマン救出運動の過程で、マニラの黒澤の自宅兼事務所で受けたもてなしに感激した思い出を、こう綴っている。

《黒澤氏がパンツ一枚の素っ裸になって、僕のためにミソ汁を作ってくれるんです。そのミソ汁も美味しかったけど、この人の作ったカス汁が特に美味しかった。ともかく何て言うのかな、この前まで「山口組の宝」とまで言われた黒澤氏がパンツ一枚になって台所に立って、魚のアラを煮込んでる。時間かけてカス汁を作ってくれるわけです。それから自分で漬けたヌカミソの漬け物まで食べさせてくれてね、これが感動的に旨かったんです。

また、山口組三代目の姐さん、田岡フミ子未亡人の訃報を黒澤氏とともに知ったのは、フィリピンでも極南部にあるザンボアンガからさらに南に下ったホロ島にいたときのこと。黒澤氏はそれを聞くや、すぐにザンボアンガに戻って、マニラ発で弔電を打ってましたけどね。

ともあれ、黒澤氏と二人でつくづく話したことは、人生一度限り、悔いのない生きざまをしようということだった。そのことをお互い約束しあいましてね。マニラでは二人でいっぺんに死ぬことはやめよう。どっちかが生き残ろうという約束もしました》

この野村秋介が東京・築地の朝日新聞社本社15階の役員応接室において、壮絶なる拳銃自決を遂げるのは、石川カメラマン救出劇から7年後、平成5年10月20日のことだった。

自決直前、部屋の絨毯の床に正座した作務衣姿の野村は、皇居のほうに向かって深々と一礼すると、

「皇尊弥栄《すめらみことい やさか》！　皇尊弥栄！　皇尊弥栄！」

と3回唱えた。

それからおもむろに、両手に持った2丁拳銃の銃口を、自分の胸に押しつけると、

「たあっ！」

と気合い一閃、その引き金を引いたのだった。

放たれた銃弾は3発。2度の銃声しか聞こえなかったのは、最初の2発を同時に撃ったためだった。3発目はいわば自ら行った介錯であった。

朝日新聞社社長を始め、同社首脳6人が固唾を呑んで見守る目の前で決行された、野村の自決であった。

朝日新聞に象徴される戦後の「第四の権力」マスコミに対する命を賭けた〝否《ノン》〟であると同時に、前年から続く朝日新聞社との闘いに、野村は自らけじめをつけたのだった。

取材先で事件を知り、当日は身動きもとれぬまま、翌10月21日、平早勉は取るものも取らずに川崎・塚越の野村秋介邸へと駆けつけた。

野村の遺体は、この日の朝、東京・本郷の東大病院から自宅に帰ってきたばかりであった。

野村邸は弔問客が引きも切らずに訪れ、庭にはテントが張られ、マスコミや関係者の姿も多かった。応接間に設置された祭壇に案内され、

「どうぞ、野村の顔を見てやってください」

と遺族に促され、平早は柩に眠る野村の顔を見た。その途端、涙が止まらなくなった。

それはどう見ても眠っているとしか思えない安らかな顔であった。

始まりはフィリピンの2月革命の最中、クラーメ基地での不思議な出会いだった。熱狂した何千何万人ものマニラ市民。彼らに包囲されたマルコス政府軍の5~6台もの戦車隊。機関銃を持つ若い政府軍兵士の蒼ざめた表情。

野村と平早は、クラーメ基地から人混みをかき分けながら、その場に駆けつけたのだった。一触即発の緊迫した状況。

少年のように眼をキラキラさせていた野村が、平早には忘れられなかった。

思えば、あれから何回、何十回となく、そんな生き生きと輝くばかりの野村の姿をファインダー越しに見たことであったろうか。

〈――野村先生、ありがとうございました。お疲れ様でした……〉

嗚咽を堪えて表に出た平早は、すぐ近くで話しこんでいる黒澤明と後藤忠政の姿が目に入ってきた。

挨拶に出向くと、黒澤が、

「お、御苦労さん。野村先生の顔は見た?」

と聞くので、平早は、

「ええ、とてもいいお顔でした。事をなし終えた男の充足した顔と言いますか……」

と答えた。

「うん、私らも今、後藤会長と話してたところなんだけど、こんな凄い男を友に持てたことを誇りに思うよ」

「……」

「自分で介錯までしてみせたんだからな。私も2丁拳銃で自分の躰に2発同時に撃ちこむことはできるかも知れない。だけど、その先、3発目となると、どうかな？　……凄い男だよ、野村秋介という男は」

黒澤の言葉に隣りの後藤も頷いている。

そして、そんな掛け替えのない友を失ったことが、黒澤には、ただただ寂しかった。

3

黒澤は、世界的にも高名な日本人映画監督と同姓同名であったがために、初対面の名刺交換の相手からは、決まって、

「ほう……」

と、そのことを連想されるのが常だった。

そのたびに黒澤は、

「文化勲章を貰っていないほうの黒澤です」

と返す茶目っ気を持ちあわせていた。

だが、フィリピン・ホロ島で、イスラムゲリラMNLF（モロ民族解放戦線）に捕まり、1年2カ月にわたって幽閉され、無名の市井人であるがゆえに、国からも見棄てられた1人の日本人

若者を救出した功績は、勲章にも値する快挙だったのは間違いない。

むろん国が黒澤に勲章や感謝状を授与するわけがなかったし、仮に間違ってそんな話が出てきたとしても、黒澤なら、

「冗談はやめてくれ」

と一笑に付すに決まっていたが。

では、勲章や感謝状に代わって、国家権力は黒澤に何をしてくれたか？

信じられないような話だが、とんでもない見返り——笑えないジョークとしか言いようのないビッグなプレゼントを用意してくれていたのである。

どう考えても、それは国側の、

「フィリピン・ホロ島事件では、よくもワシらを出し抜いて、恥をかかせてくれたのう」

という、面子を傷つけられたことへの懲らしめ、意趣返しもあったのではないか——と勘ぐりたくなるような話には違いなかった。

なんと黒澤は平成4年3月、昭和末期に前代未聞の〝劇場型犯罪〟として日本中を震撼させた、あの「グリコ・森永事件」の首謀者として最重要容疑者扱いされ、大阪・兵庫・京都・滋賀府県合同捜査本部に任意同行（別件容疑）されるに至っているのだ。

グリコ・森永事件とは何か？　毎日新聞社編の『最新昭和史事典』（毎日新聞社）によれば、

《59年（1984）3月18日夜、江崎グリコ社長江崎勝久が兵庫県西宮市の自宅で入浴中誘拐、身代金10億円と金塊100kg《キログラム》を要求された。江崎社長は3日後、監禁された茨木市内の水防倉

庫から自力で脱出したが、犯人グループはグリコ本社に放火したり同社製品に「青酸ソーダを入れた」などの脅迫状を送り、執拗な嫌がらせを続けた。6月、突如、グリコへの攻撃をやめる〝終結宣言〟を報道機関に送付、9月12日ターゲットを森永製菓に切りかえ1億円を要求、10月初旬には関西スーパーなどで青酸入り森永製品が発見され、さらにハウス食品工業などにも脅迫状が送られた。脅迫状は日本タイプライター社製のタイプで打たれたもので、独特な大阪弁で綴られ〝かい人21面相〟を自称。報道機関を巧みに利用して警察への挑戦状を送りつづけるなど、わが国犯罪史上例を見ない広域犯罪に発展した》

簡単に言えば、「グリコ・森永事件」とは、〝かい人21面相〟を名のる犯人グループが昭和59年3月の江崎グリコ社長誘拐事件を皮切りに、自ら〝犯行終結宣言〟する翌60年8月までの1年7カ月の間、江崎グリコ、丸大食品、森永製菓、ハウス食品工業、不二家、駿河屋の食品メーカー6社を連続的に脅迫した事件。〝かい人21面相〟はその間、全国のスーパーに青酸ソーダ入りの菓子をばらまき、前述の大手食品6社に多額の現金などを要求すると同時に、警察やマスコミに次々と、

《けいさつの　あほども　え　おまえら　あほか　人数　たくさん　おって　なにしてるねん　プロ　やったら　わしら　つかまえてみ》

〈かし会社の　えらいさん　え　わしらと　おまえらと　どっちが　わるや　おもう　わしら　わるや　わしらがゆうとるんや　まちがいない　おまえら　おまえらの　こと　わる　おもおとらんやろ》

といった調子で、人を喰った、挑発的な挑戦状を送りつけたことでも知られる。

この警察庁指定広域重要一一四〇号「グリコ・森永事件」は、全国に2000人の専従捜査員が配置されたが、犯人の1人・〝キツネ目の男〟こそ似顔絵が一斉公開されて有名になったものの、結局犯人は1人も捕まらず、平成12年2月、すべての関連事件が時効となり、迷宮入りし、現在に至っている。

では、なぜ黒澤明は、この事件の首謀者として容疑者扱いされることになったのか。

事件発生当初から、グリコ・森永事件を10年以上にわたって追い続けてきたジャーナリスト・一橋文哉によれば、それは、

「グリコ・森永事件の合同捜査本部が総力を挙げて取り組んだ警察史上最大の作戦、言うなれば〝最後の大捕物〟「B作戦」(『闇に消えた怪人 グリコ・森永事件の真相』新潮文庫)であり、「B作戦」と名づけられたのは、捜査本部がその中心的人物としてマークしてきた山口組系B元組長の名をもじってのことという。

「B作戦」、すなわち「ブラック作戦」であり、山口組系B元組長が黒澤明を指すのは、一目瞭然である。

グリコ・森永事件の合同捜査本部による「ブラック作戦」が決行され、都内にいた黒澤が任意同行を求められ、大阪まで半ば強引に引っ張られたのは、平成4年3月中旬のことだった。

黒澤は大阪府警東署近くのホテルで事情聴取を受ける羽目になったのだが、その容疑は、公正証書原本等不実記載。つまり、住民票のある場所に住んでいないという軽微罪で、明らかに別件

逮捕であった。

黒澤に対するホテルの一室での事情聴取という名の取調べは、苛烈を極めたようだ。一橋文哉の前掲書『闇に消えた怪人』によれば、黒澤を囲んで数人の刑事たちが、

「お前なあ。大阪から兵庫、そして滋賀くんだりまで、あんなに人を動かして、あれだけのことをやらかせる。しかも、それをきちっと黙らせられるんは、お前しかおらんやろ。ほんまのこと、言うたれや」

「ええ加減に、何か言うたらどうや。お前も男やろ。シャキッとせんかい！」

ドスの効いた声で激しく攻めたてるなか、身じろぎもせず、ひたすら沈黙を守り続ける黒澤。常人には到底耐えられそうもない、そんな取調べは2日間、延べ12時間に及んだのだった。

一橋の前掲書によれば、黒澤が〝かい人21面相〟の容疑者扱いされた理由は、大きく分けて次の3点という。

一つは金の問題で、かい人21面相がマスコミに《江崎グリコ　ゆるしたる》と挑戦状を送りつけ休戦宣言した昭和59年6月26日から2カ月後、黒澤の銀行預金口座に約3億円の入金があったというのだ。しかも振込人は、事件の被害企業の関係者と同姓同名で、住所も同じであった。

二つ目の理由は、グリコ・森永事件が起きた時代背景である。事件が発生した昭和59年6月から、事件の終了とされる60年8月までの期間というのは、まさしく山口組が四代目山口組と一和会に分裂し、四代目が暗殺されて山一抗争が勃発して抗争が熾烈を極めた時期とピタリと一致する。

関西の裏社会は、ドン不在の激動期を迎え、勢力地図も塗り変わって混乱を極めるなか、黒澤がいち早く引退し、実業家に転身したのは、謎めいていて、いかにも怪しいというのだ。

三つ目の理由は、黒澤の周辺に、江崎グリコとの取引上のトラブルから同社に恨みを抱く人物がいたということ。具体的には食肉業界や乳業界でグリコから理不尽な形で突如契約を破棄されたり追放された業者の何人かが、黒澤の傘下に集まっていたという。

だが、こうした理由だけで、グリコ・森永事件の合同捜査本部が、黒澤と事件を結びつけ、容疑者扱いし、「ブラック作戦」なる大がかりな捕物に仕立てあげるのは、どう考えても無理があろう。

まして二つ目の理由など、私には逆に、黒澤が事件には関与していない確かな状況証拠としか思えないのだが、どうだろうか。

グリコ・森永事件の発生は、ちょうど山口組が分裂した時期と重なって、黒澤にすれば、とてもそんなことには時間的にも精神的にも1ミリたりとも関わっている状況にはなかった。

自分の極道生命が終わるかどうか、生き死にがかかっていたときで、黒澤は渡世のしがらみから、山口組と一和会との板ばさみのなかで、深く苦悩し、悩みに悩み、苦渋の決断を迫られていたのだ。

その結果、彼が選択したのは、自ら極道生命を断つ——引退しカタギになるという道で、それは切腹にも等しい決断であった。

とても大阪府警のマル暴が、

「極道から足を洗ったと言えば、聞こえはええけど、新たなシンジケートの結成、つまりは暴力団のマフィア化の走りちゅうて言えなくもないやろ」（一橋文哉『闇に消えた怪人』）と言うような話ではなかった。お門違いもいいところだった。

何より、引退したのちに、山一抗争が勃発、その直後、1年2カ月にわたって黒澤がやったことが何であったか。

それは言わずもがな、本篇でくわしく触れてきた、フィリピンでMNLFの捕虜となった日本人カメラマン救出に向けた奔走であり、その実現であった。

仮に、その黒澤をグリコ・森永事件の首謀者というならば、フィリピンで自らの身の危険も顧みず、日本人青年救出のために命を賭けて奔走していた男が、その同じ時期に、日本の全国のスーパーに青酸ソーダ入りの菓子をばらまき、全国の子どもを人質にとるも同然の犯罪を行っていたということになる。そんなことがあり得る話かどうか。

黒澤のフィリピンにおける日本人青年救出劇こそ、彼がグリコ・森永事件に関与していない何よりの状況証拠——と、私が言うのは、まさにここである。

あの時期、あんな〝劇場型犯罪〟を企画立案し、指揮をとるような時間的余裕は、黒澤に毫《ごう》もあり得るはずはなかったし、それでもなお、あれほど真逆の両極ともいえるようなことを、同時並行的にやってのけられる人間がいたのだというのなら、それはもはや悪魔の領域であろう。

では、黒澤が事件の容疑者として疑われた一つ目の理由——かい人21面相の〝休戦宣言〟の2カ月後に、被害企業関係者の名で、黒澤の銀行預金口座に約3億円振りこまれていたという疑惑はどうなのだろうか。

黒澤が被害企業と裏取引を行った動かぬ証拠というわけである。

だが、振込人として名前を使われた（住所まで同じだったという）被害企業側は、そのことを断固として否定し、黒澤の存在さえ知らないと言っているのだから、証拠にも何もなるものではなかった。

しかし、取調官にすれば、それこそ黒澤をオトす切り札でもあったので、その銀行預金通帳のコピーを黒澤に突きつけ、ここぞとばかりに、

「この被害企業から入金された3億円は、何なんだ！」

と迫ったのだった。が、黒澤は顔色ひとつ変えず、

「それはホンマに被害企業からの入金なのか。確認はとれてんのか」

と切り返し、これにはむしろ内心で慌てたのは取調官のほうで、答えることができなかった。

それでもそんな様子はつゆ見せず、彼らはなお強気の姿勢を崩さず、

「じゃあ、誰からの入金と言うんや?!」

と攻め、追及を続けたのが、黒澤は落ち着き払ったものだった。

「あのころは、いろんな仕事に手を出し、何十億というカネを動かしていたんや。三億円程度の入金なんて、何ぼでもあったから、よう思い出せんや。もし、そんなカネが入っていたとしても、極道時代に貸したカネの返済かも知れんし、企業の顧問料もあれば、トラブル解決の謝礼や不動産、株式売買代金ってこともある。相手なんぞ、そんなもん、一々覚えとるかいや」（一橋文哉

（『闇に消えた怪人』）

　と応えたという。

　勝負ありという感じで、捜査員たちはそれ以上、黒澤をオトせるような証拠の品は何も持ちあわせていなかった。

　捜査本部が黒澤を事件の首謀者として狙いを定め、満を持して敢行した「ブラック作戦」の結末を、一橋文哉は前掲書で、こう記している。

《事情聴取最終日の夜、B元組長（＝黒澤）は沈黙の姿勢を破り、大声で笑い出した。

「当局のわけの分からん捜査方針や、上司の見当違いな捜査指揮にもめげず、ここまで頑張ってきた現場の刑事たちの苦労は、よう分かる。だからこそ、ずっと調べに付き合ってきたけど、もう、ええ加減にしてえな。これでも結構、忙しいんや」

　そう言い残して、B元組長（＝黒澤）は悠然とナニワの街に消えた》

　常人なら震えあがり腰を抜かしかねないような、恫喝にも等しい刑事たちの取調べに対し、この黒澤の所作は見事であり、さすがというしかない。

　が、国家権力を笠に着た連中から、

「おまえも男やろ。シャキッとせんかい」

　などとまくしたてられるのは屈辱以外の何物でもなく、なおかつ菓子会社社長を拉致したり、毒入り菓子をスーパーにバラまくような悪質極まりない犯罪の容疑者扱いというのも、黒澤には、遣りきれない話には違いなかった。

4

平成8年5月8日、私は黒澤より一通の手紙を受けとった。刊行されたばかりの私の新刊『俠魁――小説・大前田英五郎』を贈呈したことに対する礼状であった。

そこには見事な達筆でこう書かれていた。

《謹呈
暖くなってきました。お元気の様子なによりです。

此の度は「俠魁」有難うございました。

仁俠ものでは貴君の書いたものが第一と常々思っております。まだ読み出したところですが、現代を感じます。昔風の時代物とちょっと違うところに引かれます。

さて、永い間お会いしてませんがご家族皆様もお元気ですか。私の方は相変わらず、大阪・東京半々の生活をしております。五年前に始めた学習塾の経営がやっと軌道に乗り出し、フランチャイズ八十教室・直営教室二十教室になりましたが、まだ未だ儲かるところまではいってませんが楽しいです。

フィリピンの留学生の方は昨年四月一日に日本語一年・学部四年・大学院二年を終了したロレンゾ・マガシギト君をフィリピンへ送り、今は休業状態です。

大阪へ来られるときはご連絡下さい。ぜひ食事でもしながら野村秋介君の思い出話でも――。

石川君とは時々会ってます。未だ独身で頑張ってます。
「侠魁」本当に有難うございました。
どうぞ元気で頑張って下さい。

敬具

四月三十日

黒澤明

山平重樹様

〉

かつての伝説の〝山口組のキッシンジャー〟が若輩者に対し、これほどの気遣いをしてくれるのだから、私は感激ひとしおであった。

この時分の黒澤は、新たに取り組んだ学習塾チェーン展開事業を軌道に乗せ、私財を投じて始めた「日比友好留学生の会」のほうも、日本の大学院を卒業するフィリピン留学生を出すまでに至っていることが窺える。

また、文中の「石川君」というのは、黒澤たちがフィリピンで救出した日本人カメラマン石川重弘のことだった。

さて、私が黒澤に対し、

〈フィリピンの石川氏救出劇から14年、黒澤会長も65歳になる。もうボチボチ頃合かな。機は熟したと見ていいのではないか〉

と思い立って、実行に移したのは、その手紙から4年後、平成12年2月23日のことである。

上京中の黒澤とアポイントをとって、宿泊先の東京・浜松町のホテル「インターコンチネンタル東京ベイ」に訪ねたのだった。

フィリピン事件も含めて、極道時代のことから何から、黒澤の半生を評伝風に書かせて貰えないかと、直接本人に申し込むことにしたのだ。

同ホテルロビー喫茶室で会った黒澤は、私の用向きをある程度予測していたようだった。

私の申し出に対し、

「う〜ん、それは極真空手の大会でよく会う、大下英治という作家からも申し込まれてることなんだけど……」

と苦笑し、ほとんど乗り気ではなかった。

やんわりと断られる破目になったのだが、私もその答えは、ほぼ予想していたような気がする。残念ではあったが、ああ、やっぱりな、仕方ないかなという気持ちのほうが大きかった。

それでも、私のなかには、

〈まあ、いつか書けるときが来るだろう。いや、とりわけフィリピンでのことは、立ち会った者として、必ずや書き残さなければならないものだ〉

との思いが強くあって、いつか必ず——と、気長に考えていた。それが結果的には悠長に構え過ぎてしまい、少しばかり取り組むのが遅くなった感は否めない。

私が黒澤に、本を書かせて欲しいと申し込んだこの年——平成12年の夏、石川重弘は新妻を連れて、大阪府堺市大庭寺の黒澤の自宅に、結婚の報告と挨拶に赴いている。

1度は死んだ身の自分に、新たな生命を授けてくれた〝第2の父〟と黒澤を慕う石川から、最初に結婚の話を聞いたとき、

「そりゃ良かった。おめでとう！」

黒澤は心底喜び、祝福したものだった。

結婚式も披露宴も行わず、入籍だけにすること、妻となる女性は精神科のドクターで、そもそもの縁は登山家仲間《クライマー》で山で知りあい、愛を育んできたこと……等々、すでに黒澤は石川から聴いて知っていたことであったが、新妻に会うのはこの日が初めてだった。

「黒澤会長、私の妻です」

石川が傍らの新妻を紹介すると、彼女は、

「いつも石川がお世話になっております。ふつつかな女ではありますが、なにとぞよろしくお願い致します」

深々と頭を下げた。

黒澤はこれ以上ない笑顔を新婚夫妻に向けて、

「おめでとう。私もホッとしたよ。息子も同然だから、なおさらだ。なあ、石川君、私が言った通りだったろ」

「はあ？」

「いや、結婚はどれだけ慎重にしても慎重過ぎることはない。服なら買い替えはきくけど、結婚

はそうはいかない、ってな。今の君ほど、この言葉を実感できる人間はいないだろう。君は慎重に理想の女性を選びとったんだよ」

「いやあ、会長、勘弁してください」

石川は大いに照れた。

「何にせよ、良かった、良かった。男はいい仕事をするためにも、結婚したほうがいいんだ」

石川は朝日新聞社の週刊誌「アエラ」の専属カメラマンとして第一線で活躍中の身であった。

この日、黒澤は終始機嫌よく、石川にも、自分の身に起きたこの数年の出来事や近況等、いろんな話をしてくれるのだった。

石川が驚いたのは、黒澤があのグリコ・森永事件の最重要容疑者扱いされたという一件で、初めて聴く話であった。

「あれはとんでもない濡れ衣だったよ。あの事件を起こしたのは7人のグループによるもので、その首謀者がこの黒澤だって言うんだから、呆れ返って怒る気にもなれなかった」

黒澤は苦笑したが、どうしてそんなことが起きるのか、石川には不思議でならなかった。

極真空手の創設者で極真会館館長の大山倍達とのつきあいも古く、黒澤は大山の臨終に立ち会い、遺言書の証人にもなったことで、極真会館二代目松井章奎館長の誕生を見届け、同会館の相談役的な立場をつとめる破目にもなったという。

学習塾チェーンの経営のほうは、10年近くなるけれど、ようやくいいところまで来ているかな――という話は、極真会館の件といい、いかにも黒澤会長らしいなと、石川には思えた。

石川はこの3年後、東京を引き払い、夫婦で故郷の宮崎へ移住することになって、黒澤とは年賀状と暑中見舞いの遣りとりだけで、めったに会えなくなってしまう。

その訃報を聞いたのも、会わずにいて久しくなっていたから、石川はその無沙汰を悔んだ。それだけに夫婦で初めて大阪の黒澤宅に結婚の挨拶に行った日のことは、その日が最後の別れではなかったのに（その後も東京で何度も会っているのに）、石川にはいつまでも鮮明な印象として記憶に残っていた。

5

平成15年1月22日、黒澤は親しい年少の友人の訃報を聞くことになった。

「えっ、大西が……」

黒澤とともに大山倍達の死を看とり、危急時遺言書の証人ともなった大西靖人で、B型肝炎が肝硬変、肝臓癌へと進行し、まだ45歳という若過ぎる死を迎えたのだった。

電話で知らせてくれたのは、米津等史であった。

「病気のことはわかっていたから覚悟はしていたけど……それにしたって、早過ぎるよ」

黒澤は無念でならず、米津にも吐き出すような口調になった。

「だって、まだ40半ばじゃないか」

「はい。7月の誕生日が来れば、46歳でした」

「オレの息子であっても、おかしくない歳だよ……」

黒澤は大きく溜息をついた。もう66歳になった自分の年齢に思いを馳せるように。

「あんな豪傑でも、やっぱり逝ってしまうんだな。寂しくなるな……」

「はい。ヤツは最後の最後まで豪快な、男の中の男でした。臨終間際も、メソメソする後輩たちを、『死ぬのはおまえたちと違《ちゃ》う。ワシやないかい！』と叱り飛ばしたそうですから」

「うん、あいつらしいな。オレも山田（雅稔）師範から聞いていた。去年の暮れ、大西から師範のところに、いよいよお別れですと、電話があったそうだ」

「肝臓癌が血管を通って心臓にまで転移してたんです。それでも私が見舞いに行っても、弱った様子は少しも見せず、いつものように冗談ばかり言う男でした」

「まあ、見事な最後だ。男だったな」

「会長のそのお言葉が、ヤツにとって、どれだけはなむけ、供養になることか——会長、ありがとうございます」

「……」

「大西の晩年の口癖は、オレが残せるんは、ワシのこの生き様と死に様しかないんや——というものでした」

「……連絡ありがとう」

米津は電話を切ったあとも、黒澤の妙に気落ちした様子が気になった。どんな苦境に立たされようと、つらい立場に置かれても、そうそう動揺を人に見せるような人ではないと知っていたからだった。

米津が初めて黒澤を知ったのも、大西に紹介されてのことで、平成4年春、大山倍達も元気な時分であった。

当時の大西は、黒澤の側近として年中一緒の頃である。大西がいかに黒澤を敬愛し、黒澤もまた、いかに大西を可愛いがっていたか、2人の様子からも、米津には容易に見てとれた。

大西が学生時代から、井本光勇や空手仲間にも公言するほど、黒澤組黒澤明組長に憧れていたことまでは、米津も知らなかったが、大西が言うには、

「いや、その頃は、ワシもまだガキじゃったけん、ミーハーみたいなもんやった。けど、黒澤という人は、ワシらが考えとったようなヤクザとはまるで違う。あの方には、仕事のことでも、生きるうえでも、いろんな面で教わることが多かった。黒澤会長は、アウトローの世界であろうと、カタギの社会であろうと、信義というもんが一番大事なんや――ということをワシに教えてくれた恩人や」

とのことだった。

「それからな」と、大西は続けて、

「会長が口癖のように言っていたのは、〝心の贅沢〟いうことやったわ。物の贅沢やなくて、心の贅沢や。それは生き様を楽しむいうこっちゃ」

これには米津も、黒澤とつきあうようになって、その人物を知るにつけ、頷けることだった。

「なるほど、さすが会長だ。味なことを言うなあ。けど、天下の快男児・大西靖人に、それほど

の影響を与えてるんだから、黒澤明という人も、やっぱり凄いな」

米津にしても、黒澤との交流の中で、強く印象に残る体験をいくつかしていた。

黒澤の極道引退後、元の配下から四代目山口組の直系組長に昇格したのが、元黒澤組副組長の黒誠会会長前田和男と同舎弟頭補佐の美尾組組長美尾尚利の2人で、五代目山口組組長渡辺芳則体制になると、2人は揃って出世した。前田は若頭補佐、美尾は組長秘書に就任するのだが、2人とも元の兄貴分である黒澤を立て、ないがしろにすることはなかった。

静岡・清水に本部を置く美尾は、黒澤が上京の折には、東京で合流することも少なくなく、米津も何度か一緒に食事をする機会があった。

その際の黒澤に対する美尾の所作は、米津から見ても見事というしかなく、甚《はなは》だ感服させられたものだ。

港区赤坂に、美尾が贔屓にする韓国料理店があって、そこに黒澤も案内され、お伴した米津も、御相伴に与ることがあった。

食事を終え、店を引きあげる段になって、美尾のお付きの若い衆たちが沓脱ぎ場で靴を整理し、靴ベラを手に控えていると、先に出てきた美尾が、

「ここはオレの仕事だから」

と言って彼らをどかし、自ら黒澤の靴を揃えた。そのうえで靴ベラも自分で持った。

やがて沓脱ぎ場にやってきた黒澤に、美尾は一礼して靴ベラを差しだした。

その姿を目のあたりにした米津は、驚き、内心で唸った。

〈へえ、若い衆にやらせないで御自分が……どれほど偉くなっても、自分の直の親分であった人には、自ら礼を尽くして見せるのか。こりゃ、何よりのお手本だ！〉

正確に言えば、親分ではなく兄貴分であった人だが、美尾はその縁を後生大事にして、美尾は黒澤が現役を引退したあとも、変わらぬ敬愛と忠誠心を持って、礼節を尽くしたのだった。

引退すれば〝只の人〟となるヤクザ界（とりわけ関西はその傾向が強い）にあって、美尾の所作はなかなかできることではなかった。と同時に、黒澤もまた、カタギになったとはいえ、やはり〝只の人〟と言うには貫禄が違っていたとも言える。

美尾はもともと地元の静岡・清水において、清水次郎長の流れを汲む清水一家五代目田辺金吾の若い衆となったのが、ヤクザ渡世のスタートだった。

だが、田辺五代目は昭和41年11月13日、一家の解散を決断、清水市内の料亭「玉川楼」で解散式を執り行い、時の清水市長や次郎長の遠縁にあたる静岡大学教授を始め、関係者１７０人が出席するなか、

「ここで組を解散し、今後はカタギに立ち戻り、立派な社会人になります」

と、涙ながらに声明文を読みあげた。

このとき、清水一家若衆として列席していた1人が、24歳の若き美尾尚利だった。

清水一家の解散に伴って、美尾は無所属、愚連隊も同然の身となり、それからおよそ15年もの間、一本独鈷を通すのだから、なかなかの気骨者であった。

そうしたなかで出会ったのが、黒澤組組長黒澤明であったのだ。

美尾は私に、黒澤との出会いを、こう話してくれたものだった。

「黒澤の兄貴との縁は、広島刑務所で一緒だったんだ。私が第2工場へ行ったとき、大阪の元一心会系で宮川という年配者がいたですよ。こいつが大阪弁でよう喋ってて、黒澤の兄貴のとこへよく行ってた。で、刑務所で誕生会を一緒にやったんだね。黒澤の兄貴が12月19日で、オレが20日。そこで紹介されて知りあったのが最初ですよ」

当時、黒澤は明友会事件で13年弱の刑を受け、服役中であった。美尾が言うように、黒澤の正式な誕生日は12月19日。が、出所日が12月29日だったこともあって、その日を再出発、再生の日として公式の誕生日にしたのだった。

黒澤に惚れ込んだ美尾は、昭和57年1月、その舎弟盃を受け、初めて山菱の代紋を背負い、39歳にして長い一本独鈷渡世にピリオドを打ったのだ。

山口組が真っ二つに割れたのは、その2年半後のことで、黒澤は渡世のしがらみから引退を決断、美尾は四代目山口組の直系組長になった。

山一抗争では、美尾組組員が後藤組組員とともに一和会会長山本広邸をダンプ特攻するなど、武闘派ぶりを見せつけた。

渡辺芳則五代目直参時代には、美尾は組長秘書として仕え、五代目の全幅の信頼を受けた。

だが、好事魔多し、50代も後半を迎え、脂も乗りきった男盛りの最中、美尾は脳梗塞を発症してしまう。リハビリでかなりの回復を見せたものの、平成14年10月、現役引退を決断するに至った。

東京・新宿の東京女子医大病院に入院した美尾を、真っ先に見舞ったのも黒澤で、彼にお伴した米津は、ここでも胸が熱くなる光景を目にした。

ベッドの上で、動かぬようになったほうの美尾の脚を、黒澤が一所懸命マッサージを始めたのだ。すると感極まった美尾が、ポロポロと大粒の涙を流し出し、抑えが効かなくなった。

これには米津も胸打たれ、貰い泣きせずにはいられず、2人の男の絆の強さというものを、思い知ったのだ。

この美尾の脳梗塞による引退から3カ月後に、大西靖人の死があったわけで、米津には黒澤のひとしおの寂しさが思いやられるのだった。

6

石川重弘が大阪の知人から黒澤の訃報を聞いたのは、その死から1週間後、平成23年11月中旬のことで、すでに葬儀は家族や関係者の内々で終えたあとだった。

もう7〜8年ぐらい会っていなかったとはいえ、石川にすれば、父親にも等しい存在、やはりショックは隠せなかった。

石川はすぐさま黒澤未亡人と連絡をとり、妻とともに宮崎から大阪へと向かった。

まだ四十九日忌の納骨前で、黒澤の遺骨は自宅からもそう遠くない大阪・堺市南区泉田中の上庄山西方寺に預けられてあった。同寺は高野山真言宗の古刹で、住職とも黒澤は親しくしていたのだ。

黒澤未亡人と大阪・なんば駅で落ちあうと、石川夫妻は西方寺に赴き、黒澤の遺骨に手を合わせた。

「すっかりご無沙汰してしまいまして……」

焼香を終え、石川が未亡人に挨拶すると、彼女は、

「最後の入院は長かったのですが、どなたの面会もお断りしてたんです。やはり光り輝いてた頃の黒澤を知ってる人には、今の弱々しい姿を見せたくなかったですし、それは何より、本人もそう望んでましたから」

「そうですね。会長はいつだって光り輝いてましたからね。知的でエレガントでダンディ、カッコよくて洗練されていて……男が憧れる男が黒澤明という方でした」

「ありがとうございます。私に対してもそうでした。いつまでもカッコいい男でいようとしたんでしょうけどね……最後は、その黒澤がどっかへ行ってしまって……」

「でも、あれほどの方が、どうしてヤクザの道を選んだんでしょうか？　私にはそれが不思議でならなかったんですが」

「入院中にね、亡くなる少し前だったかしら、私は黒澤に訊いたことがあったんですよ。あなた、今度生まれ変わったら、何になりたい？　って。そしたら、彼は何て答えたと思います？」

「……」

「ヤクザになりたいって言うんですよ」

未亡人は静かに笑った。

石川は25年前、フィリピンのザンボアンガで初めて黒澤と会ったときのことを思い出していた。

ＭＮＬＦゲリラから解放され、ホロ島からザンボアンガ空港へ降り立った石川に、

「良かった！」

と笑みを浮かべ握手を求めてきた黒澤。その右手に握られていた小さなタオルハンカチ。

そこから黒澤たちと移動したマニラでは、まさにお祭り騒ぎが待っていた。世界中のジャーナリストが集まったマニラホテルでの記者会見やテレビ取材、石川という1人の男に注がれる、大勢の人々の視線。熱狂と興奮。

そうした人波から、石川がようやく解放され1人になったのは、その夜遅く、マニラの黒澤のアパートのゲストルームだった。

ほとんど眠れぬままに、翌朝、リビングに顔を出すと、すでに黒澤は起きていた。

そのとき、石川の眼に真っ先に飛びこんできたのは、上半身裸の背中に映えた観音菩薩だった。

〈――えっ⁈　……もしかして、この方は、そっちの関係の人？　……〉

石川が初めて黒澤を、そうなのかも知れないと認識した瞬間であった。

のちのち石川は、このときのことを、

〈会長はわざと刺青を見せたのかも知れないな。オレの反応を見たかったのかも……いや、どっちみち、いずれはわかることなのだから、早くに知って貰ったほうがいいと思ったのかも知れない〉

と考えるようになった。

まだあの時点では、黒澤のことを実業家としか知らず、どこの何者ともわからぬときだった。ゲリラに囚われていた時分に受けとった達筆な手紙からの印象も、よもやアウトロー社会にいた人とはみじんも感じられず、むしろ、そういう世界とは対極の存在としか思えなかった。

が、そうと知ったからといって、もとより石川の黒澤に対する恩義・敬愛の念は、些《いささ》かも変わらなかった。

交流が深まるなかで、石川は黒澤に訊ねたことがあった。

「会長はどうしてこんなどこの馬の骨ともわからぬ、若い無鉄砲な風来坊のために、命を賭けることができたんですか?」

「そりゃ、君のためじゃないよ。野村秋介も言ってたけど、自分のためにやったのさ」

「会長のため?」

「そう。ポッカリ空いた胸の隙間を埋めるため。もっとカッコよく言えば、フィリピンに行って、若い同胞がゲリラに捕まったと聞いて、知らんぷりしてる自分が許せなかったからさ」

「……私なら、絶対できません」

「もうひとつ言えば、君と手紙を遣りとりするなかで、君のお母さんに対する切実な思いを知ったからかな。この若者は何が何でもお母さんにもう1度会わせてやらなきゃって、胸に誓ったんだよ」

「自分を母に……」

「うん。私も、母を亡くしたのはあっちの方の現役だった時分でね、ちょうど渡世の大事な義理事があって、母親の葬式にも出れなかったんだよ。親不孝ばかり重ねてきたのに。葬式が終わったあとで、私はひとり、母の遺骨をかじりながら、酒を呷《あお》るしかなかった……」

黒澤がそっちの世界では、かなりの大物であったことを石川が知るのも、少しあとになってからのことだった。

そんなこんなに思いを馳せながら、黒澤の遺骨の前で、石川はしばし、万感交々至る――という態であった。

「黒澤は何ら悔いはなかったと思います。ヤクザになったことも、長い刑務所づとめも、引退したことも……」

未亡人の声が、石川には内なる声のように聞こえた。

〝山口組のキッシンジャー〟と呼ばれた男は、平成23年11月7日、76年の波瀾の生涯を閉じたのだった。

【参考文献】

●「山口組の研究　日本最大の広域組織の内幕」（双葉社刊　猪野健治）●「極道の戦場　手記・山一抗争」（宝島社刊　小田悦治）●「山口組三代目　田岡一雄自伝」（徳間書店刊　田岡一雄）●「任侠道」（任侠道人間ドラマ単行本発行事務局刊　名和忠雄）●「汚れた顔の天使たち」（二十一世紀書院刊　野村秋介）●「激しき雪　最後の国士・野村秋介」（幻冬舎アウトロー文庫　山平重樹）●「俺がやっちゃる」（第三通信社刊　大西やすと）●「闇に消えた怪人　グリコ・森永事件の真相」（新潮文庫　一橋文哉）●「最新昭和事典」（毎日新聞社刊　毎日新聞社編）●「週刊文春」（昭和61年4月10日号）●「FOCUS」（昭和61年1月3日号）（昭和61年3月28日号）●「週刊大衆」（昭和60年9月9日号）（昭和60年9月16日号）●「週刊実話」（昭和58年9月1日号）●月刊「実話TIMES」（昭和58年10月号）（昭和58年11月号）（昭和58年12月号）●月刊「創」（昭和61年5月号）●月刊「ファイト&ライフ」（平成28年6月号）（平成28年8月号）●「サンケイスポーツ」（昭和61年4月1日〜22日付）

この作品は本書のために書き下ろされました。

山平重樹（やまだいら・しげき）

1953年山形県生まれ。法政大学卒業後、フリーライターとして活躍。ベストセラーとなった「ヤクザに学ぶ」シリーズのほか「愚連隊列伝　モロッコの辰」など映像化された著作も多い。近著に「力道山を刺した男　村田勝志」（かや書房）、「東映任侠映画とその時代」（清談社 Publico）、「極私的ヤクザ伝　昭和を駆け抜けた親分41人の肖像」（徳間書店）がある。

山口組のキッシンジャーと呼ばれた男

黒澤明　その激動の生涯

2024年5月31日　初版発行

著　者　　山平重樹

発行者　　小宮英行

発行所　　株式会社徳間書店
〒141-8202　東京都品川区上大崎3-1-1 目黒セントラルスクエア
電話 03-5403-4379（編集）049-293-5521（販売）
振替 00140-0-44392

印刷　　三晃印刷株式会社
製本　　大口製本印刷株式会社

ISBN 978-4-19-865814-4